羅振玉學術論著集

第二集／下

羅振玉 著

羅繼祖 主編

王同策 副主編

王同策 叢文俊 整理

增訂碑別字

伯兄佩南先生采輯碑版別構諸字之不載字書者，放吳氏玉搢別雅之例，爲碑別字五卷。既成，以示丞，玉受而讀之。竊以爲小學之支流，校勘家之祕笈也。自嬴秦並天下，始同文字。暨漢之東京，書學漸壞，民間書多俗造，至有以私錢竊改蘭臺漆書者。許祭酒懼而作說文解字，於是小學復明。然經典數經傳寫，別構之字多有因仍未改者。特先儒別字，後人弗識，而鄙陋之士又曲造音訓，不知妄作。小學之不講，無怪經注之多支離也。故治經貴熟精六書，尤貴審辨別字。玉嘗以編中所載諸字校正古籍，多有捷悟。如說文解字牙，牡齒也。段氏玉裁改作壯齒。注，壯各本譌作牡，惟石刻九經字樣不誤。玉案，古人書爿多作牛，如將字作將之類，六朝石刻多有之。隋張貴男墓誌銘、唐虞書夫子廟堂碑壯字皆作牡。許書原作壯齒，段說甚確。然牡爲壯之別字，非譌字也。逄，廣韻、姓也。後漢書劉玄傳、郡人逄安。注，逄字从夆。字鑑，逄、皮江切，姓也。从辵从夆，與逢遇字不同。孟子、逢蒙學射於羿。當从此。玉篇、說文無逢，僅有逢迎之逢。漢碑如逢盛碑陰有逢信，孔宙碑陰有逢祈，景君碑陰有逢訢，字皆从夆，不从夅，與後漢書注及字鑑說歧。曩恆惑之。嗣讀匡謬正俗云、逢姓者，蓋出於逢蒙之後，讀當如其本字，並無別音。今之為此姓者，自稱乃與龐音同。又干祿字書云、逢逢，上俗下正，諸同聲者準此。惟降字从夅。於是始悟人姓之逢，古與逢迎無別，亦無龐音，後儒別搆其畫，又別搆其讀，其實謬耳。今證之此書，益信。老子、終日號而嗌不嗄。說文無嗄。釋文、嗄，一邁反，氣逆也。又于介反。又云當作噫。傅奕校定老子古本作𣢐，注、于油切，氣逆也。說文又無𣢐字，惟玉篇嚘注、于求切，老子曰終日號而不嚘，嚘，氣逆也。乃知嗄為嚘之別字。古人寫从憂字多省作夏。漢李翊碑及周公禮殿記、樊敏碑書擾字皆作擾可證。又莊子釋文嗄，一作嚘。尤可見老子之嗄字本作嚘。莊子釋文乃陸氏原文，老子釋文云一邁反者，乃宋重修時寡學者所妄增也。此編之有裨如此。

玉輇材下質，所見一斑半豹耳。世之聽雅神悟者，其獲益更當奚如乎。伯兄以玉畧通蒼疋諸家之書，命之作序，不揣陋劣，聊弁數言，以質世之讀是書者。光緒乙酉歲朔，弟振玉謹書於淮安面城精舍。

光緒丙戌，先伯兄即世。越八年甲午，丹徒劉氏始刊兄遺著碑別字五卷既成。予間嘗補其遺佚，記於書眉。又七年，乃寫定為碑別字補五卷，於武昌付梓。又十年，遭國變，予避地海東，乃取兩編合編之。所編所收諸石刻外，十年間所得又將二、三千通。暇乃摘其異字可補兩編者，復命亡兒福萇補於書眉，又得千數百字。欲更會為一編，乃返國未久，萇兒病没。前年冬，始命兒子福葆檢其遺書，助予校寫。戊辰秋，付諸影印。蓋距先兄為初編時且四十又三年，予亦既老且衰矣。追維疇昔，寓淮安面城精舍中，與兄同研席，在海東日，亡兒日侍左右，光景如昨。予乃以桑榆急景，攬卷校讐，濡翰輟辭，不禁老淚之横集也。戊辰九月，振玉又書於津沽嘉樂里寓舍。

增訂碑別字目録

卷一　上平聲

一東

東中衷忠終戎崇躬融窮馮風豐

隆空功攻蒙聾洪鴻叢聰驄璁通

螽

二冬

農龍舂衝庸墉容蓉封胷雍從逢

蹤峰鋒蜂恭龔膿兇

三江

窗邦雙

四支

移為垂羸披碑隨虧窺犧義曦攲

儀兒離觜羈卑施斯差攜蠵彌漪

馳篪危規衰脂彝夷師毗貔咨資

粢姿飢鴟尼墀遲私蓍追龜蕤榱

遺綏雖逵夔馗眉邳之貽頤時疑

思司絲其旗而姬朞詞祠辭釐菑

淄錙緇熙熹醫持茲

五微

微輝徽韋幃闈霏妃飛威旂圻機

譏饑璣幾希晞欷依沂歸

六魚

魚漁初書舒居渠歔胥雎疏梳虛

徐於廬諸除

七虞

真甄因禋姻諲新辛薪辰宸仁神
親申身賓鄰璘驎珍陳塵秦寅紉
嬪筍豳民荀脣淪倫遵春巡循均
榛
十二文
雲熅氳墳氛焚裠勳軍殷慇斤
十三元
原源黿袁爰園猨蘩樊蕃藩翻鴛
軒崐溫門孫尊罇敦奔昏根恩
十四寒
韓丹安難餐灘珊壇檀残奸蘭看
刊萑端酸攢官棺觀冠鸞歡寬槃
十五刪

肴　崤　淆　膠　茅　泡

四豪

豪　號　高　膏　臯　勞　牢　髦　旄　韜　滔　騷　搔

褒　陶　逃　濤　遭　敖　翱　鼇　曹　操

五歌

歌　多　獻　鼉　紽　跎　莪　羅　那　河　荷　阿　過

摩　魔　磨　伽

六麻

邪　斜　嗟　華　花　嘉　葭　遐　霞　瑕　葩　芭　差

牙

七陽

陽　楊　揚　颺　梁　量　香　鄉　商　傷　觴　房　慶

薑　疆　長　張　穰　方　襄　相　驤　將　亡　忘　妝

矜徵凝興稱登僧崩曾朋弘肱薨

能騰滕

十一尤

郵憂優劉留流旒秋猷猶悠攸游

酋脩修羞舟柔收鳩搜鄒騶休儔

疇籌仇求絿浮謀侔侯樓婁頭投

兜蚪彪

十二侵

侵尋臨針雋深淫心琴禽衾金衿

禁音陰簪

十三覃

覃曇譚參驂南含涵函頷蠶探堪

談甘藍耼

是靡彼毀跪髓藥此壐從屣俾爾
迺豕指美否咒姊簋晷雉屨水誄
癸喜以姒耜史使始起梓矣擬茝
耻祉

五尾

尾豈朏篚偉葦

六語

禦膂旅紵與汝暑鼠黍處貯拒炬
所楚舉序

七麌

禹雨宇聚俯府簠黼父武舞庾愈
數矩虜鼓盬祖虎苦戶補

八薺

禮蠡體濟卽悌遞啟槩陛

九蟹

解

十賄

磊海凱乃改采在

十一軫

疹蚕盡菌引愍敏殞蠢輴

十二吻

憤藴隱吞近齔

十三阮

遠偃蹇晚挽畹宛本衰壼懇

十四旱

坦但墾浣短管盥卵滿

石

十五潛

芫　東

十六銑

典　蕑　顯　犬　演　衍　踐　展　淺　善　翦　巘　辯

辨　沔　兖　轉　卷　篆　選　免　冕

十七篠

篠　皎　皦　曉　窈　窕　肇　兆　趙　旐　沼　擾　紹

矯　表

十八巧

巧　卯　爪

十九皓

抱　老　道　腦　惱　瑙　擣　禱　澡　藻　棗　好　寶

保　褓

后後母畝斗狗垢耩叩糾厚

二十六寑

寑懍凜稟品

二十七感

感慘敢覽膽

二十八儉

儉檢冉染奄掩儼

二十九豏

范範

卷四去聲

一送

送鳳弄哢洞痛夢衆

二宋

寓樹附袝句裕孺娶霧懼傅屢暮

渡度路妒蠹兔顧故固/寤悟護訴

胙布惡怖苦

八薺

濟帝涕弟睇娣棣遞逮堦詣繼薊

系契翳瘞閉惠麗戾隸儷祭際歲

衛叡敝蔽制製逝噬筮曳裔瘞藝

滯厲礪憩勢

九泰

泰蓋艾害帶會最酹外旆賴

十卦

挂懈派戒界薤拜邁敗

十一隊

雁宦丱盼

十七霰

縣奠宴眄燕薦戰擅彥遣媛面掾

箭堰眷卷變汴賤衍徧

十八嘯

眺弔竅笑照燿療廟驃

十九效

教豹貌

二十號

號導蹈悼到傲暴報奧犒

二十一箇

惰

二十二禡

二十七沁

浸祲禁蔭

二十八勘

憾澹蹔

二十九豔

焰贍厭窆驗念墊

三十陷

鑑懺汎劍

卷五 入聲

一屋

獨穀轂谷斛哭啄祿族僕福腹複

伏復服馥鵩蔔陸逐菊掬麴淑塾

肉儵倏築覆彧肅夙宿穆牧

二沃

三覺

四質

五物

六月

七曷

曷褐闥渴葛割薩奪豁斡跋

八黠

黠拔殺剎

九屑

切竊潔血譎迭瓞鐵餮[illegible]蔑閉挈

晢烈哲傑桀孽滅雪閱輟別轍澈

十藥

鑰略灼若虐芍爵著鐸幕寞落洛

樂託橐擭鑿愕萼惡薄壑鶴霍藿

十一陌

伯劇隙赫宅擇澤麥獲策冊隔革

積跡蹟益亦奕掖繹奭赤石碩刺

目録

碑別字卷一

上虞 羅振鋆玉 輯

上平聲

一東

東、東、東、東也。

一漢韓勑碑陰，二魏中岳嵩陽寺碑，三北齊姜纂造象記。

中、中、中也。

一漢夏承碑，二漢唐公房碑。

衷、衷、衷也。

一魏元氏趙夫人墓誌，二梁羅周敬墓誌銘。

忠、忠也。

梁羅周敬墓誌銘。

終、冬、終、終、終也。

一晉爨寶子碑，二魏比丘道璸記，三隋內承奉劉則墓誌，四周趙

智侃墓誌銘。

戎、我、戎也。

一漢孔宙碑，二苻秦鄧太尉祠碑。

崇、崇、崇、崇也。

一魏慈香造象記，二魏康富及子天長造義井佛像記，三齊㮚赤

齊造象記，四隋楊居墓誌。

躬、躳也。

唐孔子廟詔表。

融、融、融、融、融、融也。

一晉范式碑，二魏皇甫驎墓誌銘，三魏汝南太守寇演墓誌，四齊

臨淮王象碑，五唐工部尚書崔泰之墓誌。

窮、竆也。

漢景北海碑。

馮、馮、馮也。

一魏孫秋生造象記，二魏寇憑墓誌。

風、風、風、風、風也。

一漢夏承碑，二魏皇甫驎墓誌，三魏張猛龍清頌碑，四魏司馬昞墓誌銘，五唐龐履溫碑。

豐、豐、豐、豐、豐、豐、豐、豐也。

一漢夏承碑，二漢史晨奏銘，三漢郙閣頌，四魏嵩岳靈廟碑，五魏楊豐生造象，六齊劉碑造象記，七齊靜明造象記。

隆、隆、隆、隆、隆、隆也。

一晉爨寶子碑，二魏比丘惠感造象記，三魏孫秋生造象記，四齊劉碑造象記，五南唐安公謙公構造銘。

空、空也。

齊董洪達造象記。

㓛，功也。

魏孫秋生造象記。

玫，攻也。

漢鄐閣頌。

蒙、蒙、蒙、蒙，蒙也。

一漢史晨後碑，二隋楊秀墓誌，三隋虎賁內郎將關明墓誌，四唐楊將軍新莊象銘。

龏、龒，龔也。

一齊道興造象記，二齊彭城王攸造寺功德碑。

洪、洪、洪，洪也。

一魏敬史君碑，二魏司馬景和妻墓誌銘，三齊比丘尼慧承造象記。

鴻、鴻、鴻也。
一漢景君碑陰，二晉范式碑。
叢、叢、叢、叢也。
一魏安豐王妃馮氏墓誌，二唐李元軌墓誌，三唐彌勒象碑，四唐
尉遲汾狀嵩高靈勝詩。
聡、聡、聡、聡、聰也。
一漢張遷表頌，二漢甘陵相□博殘碑，三魏江陽王次妃墓誌，四
偽鄭義安郡夫人元氏墓誌。
駜、驄也。
魏恆州大中正于景墓誌。
璁、璁也。
魏龍驤將軍元引墓誌。
通、通、通也。

一漢鄐閣頌，二魏龍門楊肅通造象題名。

螽、螽，螽也。

一魏司馬景和妻墓誌銘，二唐清河郡夫人張氏墓誌銘。

二冬

農、農、農，農也。

一漢史晨奏銘，二漢景北海碑，三魏內司楊氏墓誌。

龍、龍、龍、龍、龍、龍、龍，龍也。

一漢韓勑碑，二漢白石神君碑，三北涼沮渠安周碑，四魏孝文帝弔比干文，五魏康富及子天長造義井佛像記，六隋美人董氏墓誌銘，七隋龍藏寺碑，八僞周邊惠墓誌，九唐大智禪師碑。

舂、舂，舂也。

一魏東平王元畧墓誌，二唐夫人薄氏墓誌。

衝、衝，衝也。

一魏女尚書馮女郎墓誌，二齊元賢墓誌。

庯，庸也。

隋龍山公墓誌。

墉，墉也。

唐段君夫人墓誌。

容、䆚、㝐、容、容，容也。

一魏杜文雅等造象記，二齊朱曇思造塔記，三齊等慈寺殘造塔記，四常岳等造象記，五隋甯越郡甯贙碑。

蓆，蓉也。

隋密長盛等造橋碑。

封，封也。

隋甯贙碑。

胷、胐、匌、胷，胷也。

一魏比丘僧智等造象記，二唐李良墓誌，三唐游擊將軍康磨伽墓誌。

雍、雍、雍、雍、雍，雍也。

一漢曹全碑，二漢西嶽華山廟碑，三漢史晨奏銘，四齊李清為李希宗造象碑，五隋張軻墓誌。

從、從、從、從、從、從、從、從、從、從、從、從，從也。

一漢韓勑碑陰，二魏李仲璇脩孔廟碑，三魏司馬景和妻墓誌銘，四魏江陽王元乂墓誌，五齊宋敬業造象記，六齊比丘道略造象記，七周華岳頌，八隋曹植碑，九隋田光山夫人李氏墓誌，十隋脩七帝寺碑，十一唐工部尚書崔泰之墓誌，十二唐清河郡夫人張氏墓誌銘，十三唐程邨造橋碑。

逢、逢、逢，逢也。

一魏魏靈藏造象記，二魏公孫猗墓誌，三隋劉相墓誌。

蹝,蹤也。
唐游石室新記。
峯、峯、峯,峰也。
一魏瀛州刺史元廞墓誌,二齊李清為李希宗造象記,三唐宴石
淙詩。
鋒,鋒也。
魏司空穆泰墓誌。
蜂,蜂也。
隋仲思那造橋碑。
恭、恭、恭,恭也。
一漢張遷碑,二唐嵩岳精享昭應碑,三唐嗣曹王李戢墓誌。
龔,龔也。
漢韓勑碑陰。

膿、膿也。

漢曹全碑。

兕、兕、兕也。

一楊吳天祐十二年殘墓誌，二唐法雨寺碑。

三江

悤、窻、窓、窗也。

一隋陳叔毅脩孔廟碑，二唐贈泰師孔宣公碑，三唐御史臺精舍碑。

邦、邽、邦、邦、邦、邦、邽、邦、邦也。

一漢鄭固碑，二魏刁遵墓誌銘，三魏崔敬邕墓誌銘，四魏小劍戍主元平墓誌，五魏公孫猗墓誌，六魏陸紹墓誌，七魏司空王誦墓誌，八魏司空穆泰墓誌。

雙、雙、雙、雙、雙、雙、雙、雙也。

一魏呂望表，二魏三級浮圖頌，三魏康富及子天長造義井佛像記，四齊陋赤齊造象記，五齊宋買造象記，六齊孟阿妃造象記，七隋啟法寺碑，八僞周邊惠墓誌。

四支

移、移、移，移也。

一魏元子直墓誌，二魏高宗嬪耿氏墓誌，三齊元賢墓誌銘。

爲、為、爲、爲，爲也。

一漢郙閣頌，二齊張龍伯造象記，三隋虎賁內郎將關明墓誌。

垂、垂、垂、垂、垂、垂、垂、垂、垂、垂、垂、垂、垂、垂，垂也。

一漢校官碑，二漢夏承碑，三漢衡方碑，四漢張遷碑，五漢景君碑陰，六魏皇甫驎墓誌銘，七魏中岳廟碑，八魏彭城武宣王妃李氏墓誌，九魏程哲碑，十魏武昌王妃吐谷渾氏墓誌，十一周強獨樂爲文帝造象記，十二隋張通妻陶貴墓誌銘，十三隋鄧州舍利塔下銘，十四唐杜君妻崔素墓誌。

羸，羸也。

魏司空王誦墓誌。

披，披也。

齊李清為李希宗造象記。

碑、碑，碑也。

一漢校官碑額，二隋仲思那等造橋碑。

隨、隨、墮、隨、隨，隨也。

一漢景君碑，二漢楊君石門頌，三魏王偃墓誌銘，四齊馬天祥造象記，五唐阿史那忠碑。

虧、虧、虧，虧也。

一漢景君碑，二隋造龍華碑，三唐鄭賓妻崔氏墓誌。

闚、窺、窺、窺，窺也。

一魏孝文帝弔比干文，二魏司空穆泰墓誌，三齊李清為李希宗造象記，四隋龍藏寺碑。

犠、犧、犧也。

一漢白石神君碑，二唐趙知慎墓誌。

義、義、義、義、義也。

一齊高叡脩佛寺碑，二周華岳銘，三周華岳頌，四唐道因法師碑。

曦、曦也。

魏涼州刺史元維墓誌。

皷、鼓也。

齊李清為李希宗造象記。

儀、儀、儀、儀也。

一晉爨寶子碑，二魏孝文帝弔比干文，三周華岳頌。

兒、兒也。

隋姚佰兒造象。

離、離、離，離也。

一漢曹全碑，二魏七兵尚書寇治墓誌，三魏杜文雅等造象記。

[北/共]，背也。

唐左光祿大夫段璲墓誌。

罵、竆，羈也。

一漢張遷表頌，二魏涇州刺史奚康生造寺碑。

埤，卑也。

漢西狹頌。

祂、祂，施也。

一魏呂望表，二魏關勝誦德碑。

𩤶、斦，斯也。

一魏世宗嬪司馬氏墓誌，二隋賈珉墓誌。

羗，差也。
唐左光祿大夫段瓌墓誌。
撟、撟、撟、撟，撟也。
一魏貴華恭夫人墓誌銘，二魏東豫州刺史元顯魏墓誌，三齊感
孝頌，四唐桓彥墓誌。
蝸，蝸也。
魏孝文帝弔比干文。
彌、弥、弥、殄、弥、殄、弥、弥，彌也。
一漢韓勑碑，二魏嵩法端造象記，三魏王方略造須彌塔記，四魏
朱永隆唐豐等造象記，五魏義橋石象碑，六齊韓永義等造佛堪
銘，七齊房紹興造象，八隋李君詈造象。
渏，漪也。
魏程哲碑。

馳，馳也。

唐法澄墓誌銘。

蒂，篪也。

唐馬周碑。

危，危也。

魏陽城洪懋等造象。

䂓、規、頍、頍、覌、頑、䙷、頬、䂓，規也。

一漢景君碑，二北涼沮渠安周碑，三魏高貞碑，四魏關勝誦德碑，五魏北海王元詳造象記，六魏巨始光造象，七魏汝陽王元賥墓誌銘，八齊天柱山銘，九唐趙元粲墓誌。

寒、褰，褰也。

一魏三級浮圖頌，二隋甯贊碑。

䏙、䏙，脂也。

一唐游石室新記，二唐程邨造橋碑。

彝、彝、彝、彝、彝、彝、彝也。

一漢孔宙碑，二晉當利里社殘碑，三梁蕭憺碑，四魏舞陰寇偘墓誌，五魏穎川太守元襲墓誌，六魏刁遵墓誌銘。

夷、夷、夷、夷、夷、夷、夷、夷也。

一魏呂望表，二魏皇甫驎墓誌銘，三魏鄭羲碑，四魏石門銘，五魏孝文帝弔比干文，六隋甯贊碑，七隋密長盛等造橋碑記，八隋首山舍利塔銘，九唐等慈寺碑。

師、師、師、師、師、師也。

一漢韓勑碑，二漢魯峻碑陰，三漢衡方碑，四魏寇演墓誌，五齊比丘尼靜恭造象。

𣬉，毗也。

唐大法師行記。

⿰犭昆，⿰豸昆也。

魏上黨王元天穆墓誌。

⿰口咨，咨也。

魏章武王妃盧墓誌。

澬、湏、湏、⿱次見，資也。

一魏樂陵王元彦墓誌，二魏傅姆王遺女墓誌，三齊平州刺史司馬夫人造象，四龍門靈資像題字。

深，粢也。

魏始平文貞公國太妃盧氏墓誌。

姿、⿰氵安、⿰女姿、⿰氵姿、⿰氵姿，姿也。

一魏李仲琁脩孔廟碑，二魏員外散騎侍郎元恩墓誌，三魏道俗九十人造象，四齊元賢墓誌銘，五唐王美暢夫人長孫氏墓誌銘。

飢、飢，飢也。

一魏司空王誦墓誌，二齊雋敬碑。

鴉、鵄，鴟也。

一漢景君碑，二魏敬史君碑。

𡰱、尺、𡰪，尼也。

一漢孔謙碣，二齊董洪達造象記，三唐圭峯禪師碑。

墀、墀、墀，墀也。

一唐文林郎夫人張氏墓誌，二唐九成宮醴泉銘，三晉羅周敬墓誌銘。

遟、迟、遅、遟，遲也。

一漢韓勑碑，二漢三公山碑，三漢孔彪碑，四唐張軫墓誌銘。

祏、和，私也。

一魏奚智墓誌，二唐張對墓誌銘。

箸、箸，著也。

一隋上林署丞卞鑒墓誌，二唐李從証墓誌。

⿺辶⿰王𠂤，追也。

魏林慮王元文墓誌。

龜、

龜、龜、龜、龜、龜、龜、龜、龜、龜、龜、龜、龜、龜、龜，龜也。

一漢校官碑，二魏刁遵墓誌銘，三魏張猛龍碑，四魏嵩陽寺碑，五魏陽平王太妃李氏墓誌，六魏寇憑墓誌，七魏劉根等造象，八魏敬史君碑，九魏穆亮妻尉太妃墓誌，十魏元珽妻穆夫人墓誌，十一魏俊儀男元周安墓誌，十二魏慈香造象記，十三魏趙阿歡造象記，十四魏凝禪寺三級浮圖頌，十五魏比丘道瓊記，十六魏杜照賢造象記，十七魏鉅平縣侯元欽神銘，十八魏任城文宣王太妃馮墓誌，十九魏齊郡王元祐墓誌，二十魏樂安哀王元悅墓誌，二十一齊柴季蘭卌餘人造象記，二十二齊元賢墓誌銘，二十三

齊唐邑寫經碑，二十四隋太僕卿元公墓誌銘，二十五唐杜行方墓誌銘，二十六唐王君夫人劉氏墓誌銘，二十七唐劉通墓誌銘，二十八唐王義和造象記，二十九唐敬善寺石象銘，三十唐李從証墓誌，三十一唐王訓墓誌，三十二唐劉湙潤妻劉氏墓誌，三十三唐司馬興墓誌，三十四隋上林署丞下鑒墓誌，三十五唐祁讓墓誌，三十六唐湖州刺史封泰墓誌，三十七唐段君夫人墓誌，三十八唐甯思真墓誌，三十九唐上谷侯夫人墓誌，四十唐蕭員亮墓誌，四十一晉高麗法鏡禪師塔銘。

莚，莚，莚，莚，莚也。一魏郃縣男唐耀墓誌，二魏涼州刺史元維墓誌，三隋蕭汎墓誌，四僞周王貞墓誌。

櫰，褱也。宋藍田縣文宣王廟記。

遺、遺、遺、遺也。

一漢景君碑，二漢韓勑碑側題名，三唐夫人竹氏墓誌。

綏、綏、綏也。

一魏皇甫驎墓誌銘，二魏石門銘。

雖、雖、雖、雖、雖、雖、雖、雖、雖、雖也。

一漢張遷碑，二北涼沮渠安周碑，三魏王僧墓誌銘，四魏張猛龍碑，五魏內司楊氏墓誌，六魏淮南王元顯墓誌，七、八魏西陽男高廣墓誌，九僞周劉基墓誌，十、十一周曹恪碑，十二唐張朗墓誌。

達、達、達也。

一齊臨淮王象碑，二隋甯贙碑。

蔑、蔑、蔑、蔑、蔑、蔑、蔑也。

一唐等慈寺碑，二唐李靖碑，三唐大德寺碑，四唐顏惟貞家廟碑，五僞周趙郡李璋墓誌，六唐王元崇墓誌。

隨、隨也。

周聖母寺造象。

眉、眉也。

魏三級浮圖頌。

邪、邪也。

漢韓勑碑陰。

乏、乏、㞢、丕、㞢、之也。

一、二魏范陽王元誨墓誌，三魏比丘道璸記，四魏嵩岳靈廟碑，五常岳等一百人造象記。

賠、貽也。

魏武昌王妃吐谷渾氏墓誌。

頤、頥、頣、顧、頣、頥、頓、頤也。

一魏東莞太守秦洪墓誌，二唐王寬墓誌，三漢鄭固碑，四隋涫于儉墓誌銘，五唐大達法師塔銘，六唐李毛仁造浮圖記，七唐幽州節度要籍祖君夫人楊氏墓誌。

旨、旹，時也。

一魏元公夫人薛氏墓誌，二隋楊秀墓誌。

疑、疑，疑也。

一隋張道深等造象記，二隋張夫人貴男墓誌銘。

思、思，思也。

一王子椿書經，二齊彭城王攸造寺功德碑。

司、司，司也。

一魏七兵尚書寇治墓誌。

絲、絲，絲也。

唐魏邈墓誌銘。

亣、㒷、㒷、其，其也。

一魏正平太守元仙墓誌，二魏吳郡王蕭正表墓誌銘，三齊陑赤齊造象記，四隋阮景暉造象。

旗、旗、旗、旗也。

一魏敬史君碑，二魏孝文帝弔比干文，三唐張琮碑。

而、而也。

宋張夌第一山題名。

姬、姬、姬、姬、姬、姬、姬、姬、姬、姬也。

一漢鄭固碑，二魏司馬景和妻墓誌銘，三魏宮嬪侯夫人墓誌，四魏顯祖嬪侯夫人墓誌，五魏汝南太守寇演墓誌，六魏任城文宣王太妃馮墓誌，七魏章武王妃盧墓誌，八魏汝陽王元賥墓誌，九齊劉碑造象記，十唐王仲建墓誌銘。

春、春也。

魏司空王誦墓誌。

詞、詞也。

唐李元軌墓誌。

祠、祠也。

魏江陽王元乂墓誌。

辭、辭、辭、辞、辭、辭、辭、辞、辭、辭、辭，辭也。

一漢華山廟碑，二漢孔宙碑，三漢楊君石門頌，四晉任城孫夫人碑，五魏孝文帝弔比干文，六魏比丘道瓊記，七魏公孫猗墓誌，八魏元颺妻王夫人墓誌，九隋羊君墓誌，十隋騰王子楊厲墓誌，十一唐不空和尚碑。

釐、釐、釐、釐、釐、釐、釐，釐也。

一魏孔羨碑，二魏青州刺史元道墓誌，三魏吳郡王蕭正表墓誌銘，四隋梁瓌墓誌，五周強獨樂為文帝造象記，六造交龍碑象記。

葘、善，菑也。

一漢武班碑，二魏帥僧達造象。

濇、濇、淄、淄、淄、淄也。

一魏司空穆泰墓誌，二魏七兵尚書寇治墓誌，三唐段會妻呂氏墓誌，四隋曹植碑，五隋甯贙碑。

錙、錙、錙也。

一唐上儀同秦進儀墓誌，二唐晉祠銘。

緇、緇、緇、緇、緇也。

一魏馬鳴寺根法師碑，二魏江陽王元乂墓誌，三齊高叡修佛寺碑，四唐告少林寺碑。

熙、熙、熈、熈、熙也。

一魏李超墓誌銘，二隋曹植碑，三唐景教流行中國碑，四唐隆闡禪師碑。

熹、熹也。

石一

漢孔宙碑。

醫、醫、醫、醫、鑒、鑒、毉、醫也。

一漢楊淮碑，二魏元萇振興溫泉頌，三魏義橋石象碑，四魏宮一品張安姬墓誌，五隋□世琛墓誌，六唐張懷文墓誌，七唐劉遵禮墓誌銘。

特、特、持也。

一魏高宗嬪耿氏墓誌，二齊元賢墓誌銘。

兹、玆、茲也。

一周夏承原造象記，二唐甯思真墓誌。

五微

徵、徵、徵、徵、徵、徵、徵、徵、徵也。

一魏安定王造象記，二魏根法師碑，三齊道興造象記，四齊董洪達造象記，五周聖母寺造象記，六隋豆盧寔墓誌，七唐康留買墓誌，八唐獨孤仁政碑。

輝，輝也。

魏七兵尚書寇治墓誌。

徽、衛，徽也。

一魏司馬景和妻墓誌銘，二唐傷氏墓誌銘。

瑋、韋，韋也。

一漢張遷碑，二漢武榮碑。

愇，愇也。

唐張君政墓誌銘。

闈，闈也。

魏金城郡主墓誌。

霏，霏也。

隋主簿張濬墓誌。

斐，妃也。

漢曹全碑。

飛、飛、飛、飛、飛、飛、飞、飛、飛，飛也。

一晉沛相張朗碑，二魏朱永隆唐豐等造象記，三魏温泉頌，四北涼沮渠安周碑，五齊姜纂造象記，六周强獨樂為文帝造象記，七周段摸墓誌，八唐杜君妻崔素墓誌，九唐磁州千佛碑。

戚，戚，戚也。

一隋甯贙碑，二楊吳天祐十二年殘墓誌銘。

旂，旂也。

魏高貞碑。

圻，圻也。

隋右翊衛大將軍張壽墓誌。

機、機、機、機、機，機也。

一漢孔彪碑陰，二漢曹全碑，三魏元公夫人薛氏墓誌，四魏東平王元畧墓誌，五隋段濟墓誌。

譏，譏也。

北涼沮渠安周碑。

饑，饑也。

漢孔彪碑。

璣，璣也。

唐申恭墓誌。

幾，幾也。

隋段濟墓誌。

希、希、希、希、希，希也。

一魏魏靈藏造象記，二唐燈臺頌，三唐臧希晏碑，四唐廣明元年道德經幢。

晞，晞也。

魏敬史君碑。

欷，欷也。

漢景君碑。

依，依也。

齊宗敬業造象記。

沂，沂也。

齊陃赤齊造象記。

歸、歸、䢜、䢜、歸、歸、歸、歸、歸、踈、歸、歸、逨、歸、歸、歸、歸、歸、歸、歸、逨、歸、歸、歸也。

一漢夏承碑，二漢張遷碑，三漢孔廟置百石卒史碑，四漢楊淮碑五漢景君碑，六晉爨寶子碑，七魏敬史君碑，八魏孝文帝弔比干文，九魏嵩陽寺碑，十魏呂望表，十一魏皇甫驎墓誌銘，十二魏陽城洪懋等造象，十三魏比丘僧智等造象記，十四齊張世寶卅餘人造塼天宫記，十五齊元賢墓誌銘，十六齊傅醜傅聖頭姊妹造象，十七齊天保八年造象記，十八齊乾明元年造象記，十九齊宋買造象記，二十隋騰王子楊厲墓誌，二十一周聖母寺造石象記，二十二周華岳頌，二十三唐道因法師碑。

六魚

魚、魚、魚，魚也。

一梁蕭憺碑，二魏張玄墓誌。

漁，漁也。

魏司馬元興墓誌銘。

初、初、初、初、初，初也。

一漢張遷碑，二魏張猛龍碑，三魏西河王元悰墓誌，四魏司空穆泰墓誌，五隋昌國惠公寇奉叔墓誌。

書，書也。

漢夏承碑。

舒，舒也。

唐梁夫人姚氏墓誌。

居，居也。

魏比丘道瓚記。

渠、渠、渠，渠也。

一魏張猛龍碑，二魏王僧墓誌，三唐大泉寺三門記。

歟、歟、歟，歟也。

一魏舞陰寇偘墓誌，二唐張才墓誌，三唐李志墓誌。

胥、胥、胥、胥、胥、胥、胥，胥也。

一漢韓勑碑，二梁蕭憺碑，三魏袁□五十人造象記，四齊邑主一百人造象記，五周費氏造象記，六周華岳頌，七唐程郎造橋碑。

鴡，雎也。

魏彭城武宣王妃李氏墓誌。

蔬、疏也。

魏李仲璇脩孔廟碑。

㮶、梳也。

魏武昌王妃吐谷渾氏墓誌。

虗、虚、虗、虗、虛也。

一魏杜文雍造象記，二魏高法隆兄弟造象，三魏冀州刺史元子直墓誌，四隋覺城寺碑像頌文，五隋仲思那造橋碑。

徐、徐也。

魏華山王元鷙墓誌。

於、於、扵、扵、扵、扵、扵、扵、於也。

一漢景君碑，二宋京兆府小學規，三魏比丘道瑣記，四魏關勝誦德碑，五魏暉福寺碑，六魏章武王元彬墓誌，七魏奚智墓誌，八魏宮一品張安姬墓誌，九唐游擊將軍康磨伽墓誌。

廬、⿸疒盧、廬、蘆，盧也。

一漢韓勑碑側題名，二漢衡方碑，三魏范式碑額，四魏汝陽王元

睟墓誌。

彨，諸也。

魏比丘道寶記。

陰，除也。

漢曹全碑。

七虞

⿸虍土、虞、虞，虞也。

一僞周邊惠墓誌，二僞周田志承墓誌。

堣、隅、隅，隅也。

一魏胡昭儀墓誌，二隋宋永貴墓誌銘，三唐王美暢夫人長孫氏

墓誌銘。

莁、莁、茎、茎、芴，芴也。

一魏義橋石象碑，二魏涼州刺史元維墓誌，三唐李彥墓誌，四唐定州司馬辛驥墓誌，五唐梁守謙功德銘。

無、無、無、無、無、無、無、無、無、無，無也。

一漢樊敏碑，二漢白石神君碑，三魏温泉頌，四魏慈香造象記，五魏李仲琁脩孔廟碑，六、七魏根法師碑，八齊張世寶卅餘人造塼天宮記，九齊宋買造象記，十隋甯贙碑。

旡，无也。

魏奚智墓誌。

誣，誣也。

唐法澄墓誌銘。

巫、巫、巫、巫，巫也。

一梁蕭憺碑，二魏呂望表，三魏廣陽王妃墓誌，四唐趙夫人姚氏墓誌。

衕、衜、衢、衟也。

一魏饒陽王元遥墓誌，二魏蔡洪象碑，三隋仲思那造橋碑。

儒、儒、儒、儒也。

一漢魯峻碑，二魏呂望表，三魏張猛龍碑。

踰、踰、逾、逾也。

一魏敬史君碑，二唐昭仁寺碑，三唐鄭玄果墓誌銘。

申、申、申也。

一齊道興造象記，二隋鮑宫人墓誌。

腴、腴、腴、腴也。

一魏元珽妻穆夫人墓誌，二魏陸紹墓誌，三造交龍碑象記。

諛、諛也。

魏東平王元畧墓誌。

茰，萸也。

齊道興治疾方。

隃，隃也。

漢曹全碑。

區、區、區、冨、傴、塸、塸、匜、區，區也。

一魏王銀堂造象記，二魏路僧妙造象記，三齊南子脩造象，四周李男香造象記，五魏曹續生造象記，六魏張玄墓誌銘，七魏王法現造象，八齊莊嚴寺造象記，九唐崔懷儉造象記。

鏂、軀、軀、軀、躯、軀、軀、軀，軀也。

一魏路文助造象記，二魏孫寶憘造象記，三魏廉富及子天長造義井佛像記，四齊丙赤齊等造象記，五北徐州劉道景造象記，六隋張峻母桓造象，七隋傅朗振造象，八常岳等造象記。

趍、趄、趯、趍、趨也。

一漢西狹頌，二魏李憲墓誌銘，三唐昭仁寺碑，四唐太樂令暢昉墓誌。

芙、扶、扶也。

一魏李仲璇脩孔廟碑，二唐李輔光墓誌銘。

舃、舃、舃、舄也。

一唐道因法師碑，二唐張運才墓誌，三唐申恭墓誌。

鶵、雛也。

唐王訓墓誌銘。

敷、敷、敷、敷、敷也。

一漢武斑碑，二漢武榮碑，三魏汶山侯吐谷渾璣墓誌，四魏廉富及子天長造義井佛像記，五隋梁瓌墓誌。

躕、蹰也。

唐潘師正碑。

駒、駒也。

唐霍寬墓誌。

俱、倶、俱也。

一漢韓勑碑、二隋姚佰兒造象。

謨、謨、謨也。

一漢景君碑、二齊元賢墓誌銘。

蒲、蒲、蒲、蒲也。

一魏吳郡王蕭正表墓誌銘、二隋宮人何氏墓誌、三隋造龍華碑。

胡、䠒、胡也。

一漢武梁祠畫象題字、二唐石鼓經呪。

壴、壷、壷、壺、壷、壶、壺、壺、壷、壶、壺也。

一漢韓勑碑、二漢三公山碑、三齊高叡脩佛寺碑、四齊雋敬碑、五唐張仁墓誌銘，六唐楊行禕墓誌，七唐尚書司勳郎中吉渾墓誌，八唐夏侯思泰墓誌，九高麗朗空大師碑。

抓、狐，狐也。

一魏江陽王元乂墓誌，二隋啟法寺碑。

乎、乎，乎也。

魏鄭羲下碑。

孙、孤，孤也。

魏城陽王元鸞墓誌。

辜、辜，辜也。

魏女尚書王僧男墓誌。

従、徒，徒也。

一魏慈香造象記，二魏司馬景和妻墓誌銘。

𡑞、塗、垐、𡍏，塗也。

一漢楊君石門頌，二隋李君警造象，三隋楊居墓誌，四唐張公佐墓誌。

途，途也。

隋密長盛造橋碑。

圖，圖，圖，圖，圖，圖，圖，圖，圖，圖，圖也。

一漢景君碑，二漢魯峻碑陰，三漢韓勅後碑，四漢西狹頌，五魏程哲碑，六魏僧演造象記，七魏寇憑墓誌，八齊等慈寺殘造塔記，九常岳等造象記，十隋元公夫人姬氏墓誌銘，十一隋首山舍利塔記，十二隋阮景暉造象。

嘑，呼，呼也。

一漢樊敏碑，二魏劉愛女等造象。

蘇，蘇，蘇也。

一魏司空王誦墓誌，二唐張公佐墓誌。

烏、馬、烏也。

一魏始平公造象記，二唐新使院石幢記。

都、郁、都也。

一北徐州劉道景造象碑陰，二隋昌國惠公寇奉叔墓誌。

菩、菩、菩、菩也。

一齊莊嚴寺造象記，二隋易州易縣固安陵雲鄉民造象，三唐圭峰禪師碑。

八齊

齊、齊、齊、齊、齊、齊、齊、齊、齊、亝、齊、齊、齊、齊、齊、亝、齊也。

一漢景君碑，二北涼沮渠安周碑，三、四魏高湛墓誌銘，五魏劉愛女等造象，六魏帥僧達造象，七魏義橋石象碑，八魏饒陽男元遥墓誌，九魏宮內大監劉阿素墓誌，十魏七兵尚書寇治墓誌，十一魏鞠彥雲墓誌銘，十二齊元賢墓誌銘，十三齊儁敬碑，十四齊孫盱造象記，十五齊董洪達造象記，十六隋曹植碑。

𥝩、䔧、𦵡、𥞈、𥟖、䕻、𪏮、𥝻，𥝩也。

一漢孔宙碑，二漢校官碑，三漢韓勑後碑，四魏敬史君碑，五魏吳高黎墓誌銘，六魏鉅平縣侯元欽神銘，七隋虎賁內郎將關明墓誌，八隋澧水石橋碑。

菞、藜也。

唐張君政墓誌銘。

𤩀、瓈也。

宋張釜第一山題名。

妻、妻、妻、妻、妻、妻，妻也。

一袁清妻李造象，二唐燕懷王造象，二魏司馬景和妻墓誌銘，四魏張元祖造象記，五齊道桃□妻造象記，六張僧國等造象記。

凄、淒也。

唐劉攬墓誌。

慺、慺，慺，慺也。

一魏三級浮圖頌，二齊法懃禪師塔銘，三隋羊本墓誌。

侱、伭，低也。

一漢景君碑，二齊宋買造象記。

題、覞，題也。

一魏源磨耶壙誌，二隋正議大夫伍道進墓誌。

稽、稽、稽、稽、晳、晳、晳、㮷，稽也。

一漢孔龢碑，二漢史晨奏銘，三魏汝南太守寇演墓誌，四五魏涼州刺史元維墓誌，六魏鄭文公碑七唐韋公玄堂銘，八唐荀氏楊夫人墓誌。

笄，笄也。

魏司馬景和妻墓誌銘。

奚、奚、奚、奚也。
一魏司空王誦墓誌，二魏員外散騎侍郎元恩墓誌，三常岳等百人造象記。
兮、兮也。
漢郙閣頌。
嵠、谿也。
魏呂望表。
倪、倪也。
齊靜明造象。
鯢、鯢也。
魏敬史君碑。
栖、栖、栖也。
一魏金城郡主墓誌，二隋董美人墓誌銘。

犀、犀，犀也。

一魏孝文帝弔比干文，二唐董榮墓誌。

賷，齎也。

唐李靖碑。

跻，躋也。

魏七兵尚書寇治墓誌。

迷，迷也。

魏鎮北大將軍元思墓誌。

泥，泥也。

唐柳尚善墓誌。

嵠，溪也。

魏康富及子天長造義井佛像記。

閨，閨，閨也。

一魏舞陰寇偘墓誌，二隋尉氏女墓誌銘。

携、擕，攜也。

一漢三公山碑，二晉爨寶子碑，三唐開成石經穀梁。

觹，觿也。

魏司空王誦墓誌。

九佳

袿、徍，佳也。

一唐李彥墓誌，二唐史信墓誌。

漄，涯也。

齊李清為李希宗造象記。

瑎，階也。

隋脩七帝寺碑。

排，排也。

唐司戶桓銳墓誌。

𠍲，乖也。

周岐山縣侯姜明墓誌。

懷、懷、懷、懷、懷、懷、懷、憓、懷，懷也。

一漢景君碑陰，二漢曹全碑，三晉爨寶子碑，四魏魏靈藏造象記，五魏張猛龍清頌碑陰，六魏比丘僧智等造象記，七隋冠軍司錄元鍾墓誌，八唐杜君妻崔素墓誌，九唐翟惠隱墓誌，十僞周逯貞墓誌。

准，淮也。

魏始平文貞公國太妃盧氏墓誌。

狇、犲、豺，豺也。

一魏程哲碑，二魏樂安王元緒墓誌，三齊平等寺碑。

霾，埋也。

隋上林署丞卞鑒墓誌。

𪗋、齋、齋、齋、齋、齋，齋也。

一魏中岳靈廟碑，二齊董洪達造象記，三隋密長盛造橋碑，四唐圭峯禪師碑，五唐棄嵩墓誌，六唐趙義本墓誌。

十灰

恢，恢也。

漢楊君石門頌。

𩲡、魁、魁，魁也。

一漢石門頌，二魏司馬昞墓誌銘，三唐于孝顯碑。

迴，徊也。

魏石門銘。

牧，枚也。

唐濟瀆廟北海壇祭器碑陰。

靁，雷也。

魏曹真碑。

頽、頹，頺也。

一隋密長盛造橋碑，二唐究公頌。

㩪，摧也。

隋上林署丞卞鑒墓誌。

𧚍，裴也。

隋護澤公寇遵考墓誌。

宼、䆾，寇也。

一漢西狹頌，二漢郙閣頌。

閞，開也。

漢郙閣頌。

哀、㖞、哀、哀、哀、哀、哀、哀，哀也。

一晉爨寶子碑，二晉處士成晃君碑，三魏章武王妃盧墓誌，四魏皇甫驎墓誌銘，五隋宮人五品程氏墓誌，六隋滕王子楊厲墓誌，七唐封卭縣令白知新墓誌，八唐弥獨造象記，九唐黃君夫人劉氏龕銘。

臺，臺、臺、臺、臺、臺、臺、臺、臺、臺、臺、臺、臺、臺，臺也。一魏李超墓誌銘，二魏凝禪寺三級浮圖碑頌，三魏皇甫驎墓誌銘，四魏程哲碑，五魏恆州刺史元讃墓誌，六魏劉根等造象，七魏章武王妃盧墓誌，八隋宮人司寶陳氏墓誌，九隋主簿張濬墓誌，十隋董美人墓誌銘，十一唐鄭怹已墓誌銘，十二唐王慶墓誌銘，十三唐張兄仁夫人墓誌。

詼，該也。

隋六品御女唐氏墓誌。

繞，繞，繞也。

一齊臨淮王象碑，二唐孔子廟堂碑。

財、財，財也。

一漢西狹頌，二齊宋買造象記。

来、耒、来、來、來，來也。

一漢史晨奏銘，二漢衡方碑，三魏李仲琁脩孔廟碑，四魏孝文帝弔比干文。

栽、㩁，栽也。

一魏呂望碑，二齊道興造象記。

𢦔、𢦏、𢦎、𢦍、𢦕、𢦗、𢦐、𢦖，哉也。

一漢夏承碑，二晉爨寶子碑，三魏司馬景和妻墓誌銘，四魏石門銘，五齊法懃禪師塔銘，六隋賈珉墓誌，七唐葉慧明碑，八唐孔子廟堂碑。

庆、灾也。

漢裴岑紀功碑。

十一　真

貞、眞、真也。

一齊平州刺史司馬夫人造象，二唐元宗御注道德經。

甄、甄、甄也。

一北徐州劉道景造象碑陰，二隋造龍華碑。

囙、冂、囙、因也。

一漢衡方碑，二魏孝文帝弔比干文，三隋郭休墓誌。

禋、禋也。

齊天柱山銘。

姻、姻也。

唐優婆夷未曾有墓誌銘。

諲、諲也。

漢曹全碑陰。

新、新、新，新也。

一漢魯峻碑陰，二魏皇甫驎墓誌銘，三隋脩七帝寺碑，四唐鄭玄果墓誌銘。

亲，辛也。

魏孝文帝弔比干文。

薪，薪也。

魏温泉頌。

辰，辰也。

隋員天威造象。

宸，宸也。

晉爨寶子碑。

仁，仕也。

魏恆州大中正于景墓誌。
神、神也。
隋阮景暉造象記。
親、親也。
魏上黨王元天穆墓誌。
申、申也。
隋阮景暉造象記。
一北涼沮渠安周碑，二齊惠慶造象記，三隋仲思那造橋碑。
身、身、身身也。
一魏孔羨碑，二晉爨寶子碑，三魏司馬昇墓誌銘。
賔、賔、賔賓也。
鄰、隣、鄰、隣、隣鄰也。
一、二漢韓勑碑側題名，三漢北海相景君碑，四隋宋永貴墓誌銘，

石一

五唐台州刺史陳皆墓誌。

璘、璘也。

唐鄭恕己墓誌銘。

騏、驎、驎，驎也。

一漢景君碑陰，二宋爨龍顏碑，三魏寇憑墓誌。

琮、玪、珎、玪，珍也。

一漢韓勑碑陰，二漢張遷碑陰，三魏根法師碑，四北周法師張□

妙碑。

陣，陳也。

魏范陽王元誨墓誌。

塵、塵、塵、塵，塵也。

一魏李洪演造象記，二齊朱曇思造象記，三齊董洪達造象記，四

隋楊居墓誌，五唐謝慶夫墓誌。

桊，秦也。

漢楊孟文頌。

寅、寅、寅、寅、寅、寅、寅、寅，寅也。

一魏皇甫驎墓誌銘，二魏李文遷造象，三魏程哲碑，四魏涇州刺史奚康生造寺碑，五齊董洪達造象記，六齊孟阿妃造象記，七隋張業墓誌，八唐王行寶造象記。

級，級也。

魏三級浮圖頌。

嬪，嬪也。

魏高宗嬪耿氏墓誌。

筠，筠也。

一魏洛州刺史元廣墓誌。

盬，盬也。

魏樂陵王元彥墓誌。

民，民，民也。

一魏敬史君碑陰，二隋范高墓誌。

前，前也。

齊太府卿元賢墓誌。

㖧，昏也。

魏司空穆泰墓誌。

淪，淪也。

魏巨始光造象。

倫，倫也。

周段摸墓誌。

遵，遵，遵也。

一魏中岳靈廟碑，二齊董洪達造象記。

春、𣅠、春也。
一隋張貴男墓誌銘，二隋田光山夫人李氏墓誌。
廵、迯、巡也。
一漢白石神君碑，二漢孔宙碑陰。
揗、循也。
漢楊君石門頌。
均、均也。
隋孔河陽都尉墓誌。
㯐、榛也。
魏宮内大監劉阿素墓誌。
十二文
雲、𡧘、雲、雲也。
一魏雲峯山題字，二齊静明造象記，三唐鬱林觀東壁巖記。

熅，熅也。

魏嵩陽寺碑。

氳，氲也。

齊邑義三百餘人造神碑尊像記。

墳，墳也。

魏皇甫驎墓誌銘。

氤，氳，氛也。

一魏嵩陽寺碑，二齊僧道畧造象記。

樊，焚也。

隋章仇禹生等造象記。

褱，褱也。

齊道畧造象記。

勳，勳也。

漢武梁祠畫象題字。

軍、軍、軍也。

一魏李苞開通閣道題名，二齊元賢墓誌銘。

般、般、餀、舨、般、殺、般也。

一魏中岳靈廟碑，二魏孝文帝弔比干文，三魏張玄墓誌銘，四魏劉玉墓誌銘，五唐蘇銷造象記，六唐寂照和尚碑。

慇、慇也。

常岳等造象記。

斤、斤也。

隋阮景暉造象記。

十三元

原、嫄、原也。

一漢衡方碑，二魏西陽男高廣墓誌。

源，源也。

漢郙閣頌。

龜、龜、龜、龜，龜也。

一魏鉅平縣侯元欽神銘，二齊太府卿元賢墓誌，三唐王義和造象記，四唐乙速孤昭祐碑。

袁、袁，袁也。

一魏敬史君碑陰，二魏袁□五十人造象記。

爰、爰，爰也。

一漢張遷碑，二唐王君妻梁氏墓誌。

薗、薗、園，園也。

一魏孝文帝弔比干文碑陰，二隋杜乾緒造象記，三唐武懷亮墓誌。

猨、猨，猨也。

一魏上黨王元天穆墓誌，二齊法懃禪師塔銘。

蕢、蘩也。

魏城門校尉元騰墓誌。

樊、樊、樊也。

一漢武梁祠畫象題字，二漢忠惠父魯峻碑陰。

蕃、蕃、籓、籓、蕃也。

一魏城陽王元鸞墓誌，二魏元公夫人薛氏墓誌，三、四唐崔長先墓誌。

藩、鄱、藩也。

一唐呂德夫人陳氏墓誌，二唐封邱縣令白知新墓誌。

飜、翻也。

北涼沮渠安周碑。

駕、駕也。

唐王君妻梁氏墓誌。

軒，軒也。

隋孔河陽都尉墓誌。

峴、峴，峴也。

一魏燕州刺史元颺墓誌，二魏東安王太妃墓誌。

溫，温也。

漢韓勑碑陰。

陑，門也。

魏廣陽王妃墓誌。

紓、孫，孫也。

一漢嵩山少室東闕題字，二魏源磨耶壙誌。

尃、尊、尊，尊也。

一漢三老諱字忌日記，二漢石門頌，三魏孫寶憘造象記。

𤩽，鐏也。
唐房寶子墓誌。
𨈭，敦也。
漢衡方碑。
𡘋，奔也。
漢景君碑。
昬、暋、昬、昏也。
一魏邑義信士女等五十四人造象，二魏高宗嬪耿氏墓誌，三唐
傷氏墓誌銘。
珢，根也。
魏小斂戍主元平墓誌。
恩、𢙔、恩、恩也。
一漢曹全碑，二魏鞠彥雲墓誌銘，三唐裴鏡民碑。

十四寒

韓韓，韓也。

一漢楊淮碑，二趙傳等造象記。

丹，丹也。

唐文林郎夫人張氏墓誌。

安、安，安也。

一隋甯贊碑，二唐鄭恕己墓誌銘。

難、難，難也。

一魏李憲墓誌銘，二唐宗聖觀碑。

餐、餐，餐也。

一唐道因法師碑，二唐王行滿書聖教序。

灘，灘也。

魏陸紹墓誌。

珊，珊也。
趙朗造象。
壇，壇，壇也。
一漢白石神君碑，二漢郎中鄭固碑。
檀，檀，檀，檀，檀也。
一漢三公山碑，二魏比丘員光造象，三隋甯贙碑，四唐甯思真墓
誌。
残，残，残也。
一唐張逸墓誌，二宋爨龍顔碑。
姧，奸，奸也。
一魏司馬元興墓誌銘，二隋梁瓌墓誌。
蘭，蘭，蘭也。
一魏比丘道瓚記，二唐申恭墓誌。

耆、耆着、者也。

一隋□世琛墓誌，二唐還神王師子記，三元龍興寺長明燈錢記。

刋、刋、刊也。

一漢西狹頌，二魏金城郡君墓誌。

雚、雚也。

隋新鄭縣令蕭瑾墓誌。

端、端也。

齊董洪達造象。

酸、酸、酸、酸也。

一宋錢忠懿王墓誌銘，二齊武平五年殘造塔記，三唐蕭貞亮墓

誌。

攢、攢也。

唐司戶桓鋭墓誌。

官,官,官也。
一漢校官碑額,二魏恆州刺史韓震墓誌。
柾,棺也。
魏皇甫驎墓誌銘。
觀,觀,觀,觀,觀,觀,觀,觀也。
一漢三公山碑,二魏鄭義碑,三魏汝陽王元睟墓誌銘,四魏比丘僧智等造象記,五唐鄭尊師墓誌銘,六唐祁讓墓誌。
冠,冠,冠,冠,冠,冠,冠,冠,冠,冠,冠,冠也。
一漢景君碑,二宋爨龍顏碑,三魏楊大眼造象記,四魏敬史君碑,五魏鄭道忠墓誌銘,六魏華山王妃公孫氏墓誌,七魏杜照賢造象,八魏司馬紹墓誌,九隋龍華碑,十隋宮人尚寢衣魏氏墓誌,十一隋□世琛墓誌,十二隋儀同三司王護墓誌,十三唐張君政墓誌銘,十四唐魏公先廟記。

鸞，鸞也。

唐劉漢潤妻楊氏墓誌銘。

歡，讙，歡，歡，歡，歡也。

一魏孫秋生造象記，二魏公孫猗墓誌，三周譙郡太守曹恪碑，四隋常景墓誌，五元龍興寺長明燈錢記。

寬，寛，寬，寬，寬，寬也。

一漢衡方碑，二魏司馬景和妻墓誌銘，三魏吐谷渾璣墓誌，四魏陸紹墓誌，五唐段沙彌造象記。

槃，槃，槃，盤，槃也。

一魏曹望憘造象記，二齊宋顯伯造象記，三周曹恪碑，四隋新鄭縣令蕭瑾墓誌。

十五　删

關，開，關，開，關，開，開，關也。

一漢郙閣頌，二魏皇甫驎墓誌銘，三魏朱永隆造象記，四魏江陽王元乂墓誌，五隋元英墓誌，六僞周袁信公馬神威墓誌，七楊吳李濤妻墓誌。

還、還、還、還、還、還、還也。

一齊宋敬業造象記，二齊張龍伯造象記，三周强獨樂為文帝造象記，四隋甯贊碑，五唐獨孤仁政碑，六僞周邊惠墓誌。

寰、寰、寰、寰、寰也。

一魏樂陵王元彥墓誌，二魏康富及子天長造義井佛像記，三魏冦君夫人姜氏墓誌，四唐文林郎夫人張氏墓誌。

班、班也。

魏吳郡王蕭正表墓誌銘。

蠻、蠻、蠻、蠻、蠻也。

一漢衡方碑，二宋爨龍顏碑，三魏李顒樹造象記，四隋甯長盛造橋碑。

拳、攀、擧、拲、擧也。

一魏刁遵墓誌銘，二隋主簿張濬墓誌，三唐河東王夫人墓誌，四唐張君政墓誌銘。

鰥、鰥也。

漢曹全碑。

閑、閑、閑也。

一魏廣陽王妃墓誌，二唐張達妻李夫人墓誌。

卷一

碑別字卷二

上虞羅振玉輯

下平聲

一先

前、前、前，前也。

一隋曹植碑，二隋甯贇碑，三隋冠軍司錄元鍾墓誌。

兲、兲，天也。

一、二魏比丘道瓚記。

堅、堅，也。

魏劉玉墓誌。

賢、賢、賢，賢也。

一魏元始和墓誌，二齊靜明造象記，三宋鄒非熊九曜石題名。

弦、弦、絃，絃也。

石二

一漢張遷碑，二漢景君碑，三唐建陽縣令席泰墓誌。

煙、烟、煙、烟，煙也。

一魏程哲碑，二魏陸紹墓誌，三隋龍華碑，四唐崔長先墓誌。

燕，燕也。

唐張敬訙墓誌銘。

蓮，蓮也。

唐蕭元眘造象。

憐、憐、憐、憐、怜，憐也。

一魏張猛龍碑陰，二魏金城郡主墓誌，三齊比丘法朗造象，四齊靜明造象記，五龍門鄭伯憐造象題名，六隋董美人墓誌銘。

填，填也。

隋内承奉劉則墓誌。

秊、年、年、年、年、秊、年、年、季，年也。

一漢魯峻碑陰，二魏岐法起造象記，三魏樂安哀王元悅墓誌，四梁惠光和尚塔銘，五齊房紹興造象，六齊比丘法朗造象，七隋姚佰兒造象，八隋羅寶奴造象，九隋仲思那造橋碑。

顛、巔、顛，顛也。

一漢景君碑，二魏孝文帝弔比干文，三唐圭峰禪師碑。

巔，巔也。

唐張君造彌勒象文。

牽、牽、牽、牽，牽也。

一隋造龍華碑，二隋覺城寺碑像願文，三唐關英墓誌，四唐王徵君臨終口授銘。

淵、洄、淵、淵、淵、淵、淵、渕、淵、淵、淵、淵、淵、洞、渕、渕、淵、淵、渕、渕、渕、淵、渕、渕、渕、渕、渕，淵也。

一漢曹全碑陰，二漢三老諱字忌日記，三漢景君碑，四晉張朗碑，五宗爨龍顏碑，六北涼沮渠安周碑，七魏彭城武宣王妃李氏墓誌，八魏比丘僧智等造象記，九魏西河王元悰墓誌，十魏東平王元畧墓誌，十一魏王光造象，十二魏韓顯宗墓誌銘，十三魏道昭東堪石室銘，十四魏鞠彥雲墓誌銘，十五魏王僧墓誌銘，十六魏張猛龍碑，十七魏義橋石象碑，十八齊朱氏邑人造象，十九齊劉碑造象記，二十齊宋敬業造象記，二十一常岳等造象記，二十二周華岳頌，二十三隋張業墓誌，二十四隋劉淵墓誌，二十五唐尚書司勳郎中吉渾墓誌，二十六唐崔蕃墓誌銘，二十七唐李扶墓誌銘。

蠲、蠲、蠲、蠲也。

一漢魯峻碑，二漢孔彪碑，三唐蔣王內人劉媚兒造象。

邊、邊也。

一宋爨龍顔碑，二北涼沮渠安周碑，三魏刁遵墓誌銘，四魏敬史君碑，五魏石門銘，六魏比丘員光造象，七魏王僧歡造象，八魏李謀墓誌銘，九魏司馬昞墓誌銘，十魏鄭羲下碑，十一魏汝南太守寇演墓誌，十二魏淮南王元顯墓誌，十三魏冀州刺史元昭墓誌，十四齊牛景悅等造石浮圖記，十五齊比丘法朗造象，十六齊阿鹿交村郭京周等造象記，十七齊道朏造象記，十八齊姜纂造象記，十九齊朱氏邑人造象，二十齊唐邕寫經碑，二十一齊董洪達造象記，二十二隋首山舍利塔記，二十三隋姚佰兒造象，二十四隋昌國惠公寇奉叔墓誌，二十五唐游擊將軍康磨伽墓誌，二十六唐蕭元眘造象，二十七唐張君政墓誌銘，二十八唐鄭玄果墓誌銘，二十九梁惠光和尚建塔院記。

遵、遵、遵、遵也。

一漢韓勑碑，二漢校官碑，三唐濟瀆廟器具記。

懸，懸也。

魏西河王元悰墓誌。

僊、仚、仚、僊、僊、僊、僊、僊、僊，仙也。

一漢尹宙碑，二魏皇甫驎墓誌銘，三齊朙赤齊造象記，四周華岳頌，五隋龍藏寺碑，六隋河東郡首山舍利塔碑，七八唐宗聖觀碑，九唐王仲建墓誌銘。

鮮，鮮也。

魏江陽王元乂墓誌。

錢，錢也。

齊石永興造象記。

遷、遷、還、遷，遷也。

一漢孔宙碑，二漢衡方碑，三漢孔彪碑，四漢景君碑，五魏刁遵墓誌銘，六魏司馬昇墓誌銘，七魏義橋石象碑，八魏孝文帝弔比干文，九魏顯祖嬪侯夫人墓誌，十魏元氏蘭夫人墓誌，十一魏樂安哀王元悅墓誌，十二魏寇憑墓誌，十三齊姜纂造象記，十四隋楊秀墓誌，十五隋明雲騰墓誌，十六隋杜相夫造象記，十七隋元公墓誌銘，十八隋元公夫人姬氏墓誌銘，十九唐大智禪師碑，二十唐姚暢墓誌，二十一唐嗣王李戢墓誌，二十二唐王君夫人劉氏合葬墓誌銘，二十三唐畢遊江墓誌銘，二十四唐堅行禪師塔銘，二十五唐程元景墓誌銘。

煎，煎也。

齊宗敬業造象記。

然，然，然，然，然，然，然也。

一魏金城郡君墓誌，二魏邑義赫連子悅五百餘人造象，三魏蔡洪象碑，四魏石門銘，五隋仲思那造橋碑，六唐法藏禪師塔銘。

迋、返、延、延、延、延、延也。

一漢孔宙碑，二魏劉洛真造象記，三齊趙桃□妻造象記，四齊宋敬業造象記，五唐趙丘李公夫人劉氏墓誌銘，六唐黃君夫人劉氏龕銘。

莚、莚、莚、莚、莚也。

一魏王誦妻元氏墓誌，二隋燕夫人姜氏墓誌，三唐甯思真墓誌，四唐祁讓墓誌，五唐段志元碑。

旃、旃、旗、旃也。

一魏劉根等造象，二周華岳頌，三隋秀容縣長侯雲墓誌。

纏、纏、纏、纏、纏、纏、纏也。

一魏女尚書馮女郎墓誌，二魏皇甫驎墓誌銘，三隋昌國惠公寇奉叔墓誌，四隋首山舍利塔銘，五隋龍藏寺碑，六隋董美人墓誌銘。

郾、壓也。

唐信法寺碑。

連、𨗴、連也。

一隋明雲騰墓誌，二唐大法師行記。

聡、聮、聮、聅、聡、聡、聮、聫、聯也。

一魏敬史君碑，二魏侯太妃造象記，三魏根法師碑，四魏北海王妃李氏墓誌，五魏恆農太守寇臻墓誌，六隋上林署丞卞鑒墓誌，七唐郎官石柱記，八唐楊迥墓誌銘。

萹、篇、遍、篇也。

一漢景君碑，二隋尉氏女墓誌銘，三唐王和墓誌。

翩、翩也。

魏洛州刺史元秀墓誌。

绵、緜、綿也。

一魏元顯儁墓誌，二隋□世琛墓誌。

仝、仝、仝、仝，全也。

一漢張遷碑，二漢郙閣頌，三魏鄭羲碑，四隋宋永貴墓誌。

湶、泉、湶、湶、㬰、㬰，泉也。

一漢楊君石門頌，二魏涼州刺史元維墓誌，三魏鄒縣男唐耀墓誌，四齊諸葛始興等造象記，五唐太原王夫人墓誌，六唐南和縣令張彥墓誌。

宣、宣，宣也。

一漢張遷碑，二漢魯峻碑。

鐫、鐫，鐫也。

一魏東平王元畧墓誌，二北周法師張□妙碑。

穿，穿也。

一魏頴川太守元襲墓誌。

緣、緣、緣、緣、緣、緣、緣也。
一漢西狹頌，二齊張龍伯造象記，三北徐州劉道景造象記，四隋仲思那等造橋碑，五唐濟瀆廟器具記，六元龍興寺長明燈錢記。

旋、旋、旋、旋、旋、旋、旋、旋、旋、旋也。
一漢衡方碑，二魏李謀墓誌銘，三魏汝陽王元睟墓誌，四魏穆亮妻尉太妃墓誌，五魏汾州刺史元彬墓誌，六齊靜明造象記，七唐尉遲汾狀嵩高靈勝詩，八唐王慶墓誌銘，九唐竇公夫人楊氏墓誌。

璿、璿也。
唐于孝顯碑。

璇、琁也。
唐慕容知禮墓誌。

詮、詮、詮也。

一魏安樂王元詮墓誌，二魏皇甫驎墓誌銘。

專，專也。

魏義橋石象記。

乾、乾、乹、乾、乾、乾、乹，乾也。

一北涼沮渠安周碑，二魏魏靈藏造象記，三魏恒農太守寇臻墓誌，四齊雋敬碑，五隋仲思那造橋碑，六隋密長盛造橋碑，七唐褚書聖教序。

叏、叏、皮，皮也。

一魏內司楊氏墓誌，二隋曹植碑，三唐張興墓誌銘。

僁、衍、僁、僁、愆，愆也。

一魏范陽王元誨墓誌，二魏齊郡王妃常氏墓誌，三魏傅姆王遺女墓誌，四齊平等寺碑，五唐趙義本墓誌。

褰，褰也。

唐邊真墓誌。

攉、攉、摧、摧也。

一漢張遷表頌，二齊感孝頌，三唐武懷亮墓誌。

傳、傳、傳、傳也。

一隋李則墓誌銘，二唐不空禪師碑。

焉、焉、焉、焉、焉、焉、焉、焉也。

一漢鄭固碑，二漢楊君石門頌，三魏孝文帝弔比干文，四隋滕王子楊厲墓誌，五唐使院石幢記，六唐不空碑，七唐孔子廟堂碑，八唐寂照和尚碑。

二蕭

蕭、蕭、蕭、蕭、蕭、蕭、蕭、蕭也。

一魏皇甫驎墓誌銘，二魏涼州刺史元維墓誌，三造交龍象碑，四齊高叡修佛寺碑，五隋滕王子楊厲墓誌，六唐武騎尉張弘墓誌，

石 一

七唐楊君植造象記，八楊吳天祐十二年殘墓誌銘。

桃，桃也。

唐支叔向墓誌。

貂、貂、貂、貂也。

一、魏齊郡王元祐墓誌，二魏安豐王妃馮氏墓誌，三唐劉庭訓墓誌。

鵰，雕也。

魏三級浮圖頌。

條、條、條、條、條、條、條、條、條、條、條也。

一、梁蕭憺碑，二魏吳郡王蕭正表墓誌銘，三魏孝文帝弔比干文，四魏皇甫驎墓誌銘，五魏孫秋生造象記，六齊高叡修佛寺碑，七隋滈于儉墓誌銘，八隋主簿張濬墓誌，九唐張達妻李夫人墓誌，十唐楊逸墓誌，十一偽周邊惠墓誌。

梟、梟也。

隋支彦墓誌。

聊、聊、聊、聊也。

一魏恆州大中正于景墓誌，二魏鉅平縣侯元欽神銘，三唐高士楊崇墓誌。

遼、遼、遼、遼也。

一漢韓勑碑陰，二漢史晨後碑，三隋豆盧寔墓誌。

僚、僚、僚、僚也。

一漢曹全碑，二吳谷朗碑，三魏廣陽王元湛墓誌。

賨、賓、寮也。

一漢魯峻碑，二漢衡方碑。

堯、堯、堯、堯、堯也。

一魏李仲琁脩孔廟碑，二魏孝文帝弔比干文，三魏根法師碑，四魏樂安王元緒墓誌，五唐劉通墓誌銘。

霄，宵也。

魏張猛龍碑。

霄、霄，霄也。

一魏張玄墓誌銘，二齊邑義一百人造靈塔記。

超、超、超、超，超也。

一漢校官碑，二魏王銀堂造象記，三魏公孫猗墓誌，四齊董洪達等造象記。

鼂、鼂，鼂也。

一漢楊君石門頌，二魏三級浮圖頌。

韓、翰、輈、朝，朝也。

一魏彭城武宣王妃李氏墓誌，二隋楊秀墓誌，三唐崔長先墓誌，四梁羅周敬墓誌銘。

⿰礻号,枵也。
魏元氏趙夫人墓誌。
蕉、蕉、蕉,樵也。
一魏鄭道忠墓誌銘,二隋造龍華碑,三唐于孝顯碑。
烧,燒也。
漢西狹頌。
遥、遥、遥、遥,遙也。
一魏宮内大監劉阿素墓誌,二魏公孫猗墓誌,三魏司馬昇墓誌銘,四齊姜纂造象記。
䬙,颻也。
隋宮人常泰夫人房氏墓誌。
姚、姚、姚、姚,姚也。
一隋阮景暉造象,二唐結九品往生社碑,三唐名州司兵姚君夫人李氏墓誌。

搖、榣、摇、揺也。

一魏孝文帝弔比干文，二魏汝陽王元賥墓誌銘，三隋龍華碑。

謠、嗂、謡也。

一魏呂望表，二魏廣平王元悌銘。

瑤、瑶、瑶，瑶也。

一漢韓勑碑陰，二魏高貞碑，三唐張夫人喬氏墓誌，四唐楊夫人張氏墓誌。

飖、飖，颻也。

一魏樂安王妃馮氏墓誌，二魏潁川太守元襲墓誌。

檦、檦、摽、標、摽，標也。

一魏孫秋生造象記，二魏高宗嬪耿氏墓誌，三唐姚暢墓誌，四唐趙勳墓誌，五唐侯君夫人墓誌。

飃,飄也。
齊牛景悅等造石浮圖記。
𦬓,苗也。
僞周田志承墓誌。
䙅,腰也。
魏江陽王元乂墓誌。
𡘋,喬也。
魏吳郡王蕭正表墓誌銘。
槗,碻,橋也。
一魏義橋石象頌,二隋仲思那造橋碑。
𡗝,𡗜,夭也。
一漢武氏石闕銘,二魏司馬景和妻墓誌銘。
剽,漂也。

隋澧水石橋碑。

三肴

肴、肴，肴也。一漢孔彪碑，二魏呂望表。

峧，崤也。魏冀州刺史元昭墓誌。

滧，淆也。魏冀州刺史元壽安墓誌。

𦝫、𦝫，膠也。一隋楊秀墓誌，二僞周樊太君墓誌。

芧，茅也。隋曹植碑。

雹，泡也。

魏比丘道瓚記。

四豪

豪、豪、豪也。

一魏魏靈藏造象記，二魏呂望表。

號、號、號、號、號、號、號、號、號、號也。

一漢孔彪碑，二漢鄭固碑，三魏朱永隆唐豊等造象記，四魏雲峯山題字，五齊高叡修佛寺碑，六周曹恪碑，七隋首山舍利塔記，八唐昭仁寺碑，九唐張曛墓誌銘，十唐鄭玄果墓誌銘，十一唐張安生墓誌銘，十二唐法澄墓誌。

高、高也。

齊昞赤齊造象記。

膏、膏、膏也。

一漢曹全碑，二魏冀州刺史元昭墓誌。

皐、皐、皐、皐、皐、皐、皐也。
一漢孔彪碑，二漢韓勅碑陰，三晉爨寶子碑，四魏冀州刺史元昭墓誌，五唐趙庭墓誌，六唐楊君妻韋氏檀特墓誌銘。

勞、勞、勞、勞也。
一漢郙閣頌，二魏洪寶造象銘，三隋諸葛子恆造象記。

牢、牢、牢也。
一漢史晨奏銘，二隋尉氏女墓誌銘。

髦、髦也。
漢鄭固碑。

旄、旄、旄也。
一魏刁遵墓誌銘，二齊高叡修佛寺碑。

輜、輜、輜、輜也。
一北涼沮渠安周碑，二魏穆亮妻尉太妃墓誌，三隋楊秀墓誌。

滔、滔、洦、滔，滔也。

一周曹恪碑，二周强獨樂爲文帝造象記，三齊柴季蘭卅餘人造象記，四隋諸葛子恆造象記。

騷、騷，騷也。

漢曹全碑。

搔、搔，搔也。

漢景君碑。

褒、褒、褒、褒、褒，褒也。

一漢孔宙碑陰，二魏石門銘，三魏東安王太妃墓誌，四唐邢政墓誌，五僞周張信墓誌。

陶、陶、陶、陶、陶，陶也。

一魏義橋石象碑，二魏鄯縣男唐耀墓誌，三唐岱岳觀題名，四唐景教流行中國碑，五唐張運才墓誌。

逃，逃也。

齊臨淮王象碑。

濤，濤，濤也。

一漢郙閣頌，二隋仲思那造橋碑。

遭，遭也。

漢孔宙碑。

敖，敖也。

魏涼州刺史元維墓誌。

翱，翱也。

魏孝文帝弔比干文。

鼇，鼇，鼇，鼇，鼇也。

一魏敬史君碑，二隋澧水石橋碑，三隋脩七帝寺碑，四唐王法墓誌。

曹、曺、曹、曹、曹也。
一漢夏承碑，二漢曹全碑，三隋昌國惠公寇奉叔墓誌。
搽、搽、摻、掭、搽、搽、操、操也。
一宋爨龍顔碑，二魏元始和墓誌，三魏敬史君碑，四魏司馬昇墓誌銘，五隋甯贙碑，六唐太原王夫人墓誌，七唐黄素墓誌。

五歌

歌、謌、歌也。
一魏饒陽男元遥墓誌，二齊元賢墓誌銘。
多、多也。
魏涼州刺史元維墓誌。
猒、猒也。
唐東陽縣令柔貞墓誌。
鼉、鼉、鼉、鼉也。

一魏鉅平縣侯元欽神銘，二齊唐邕寫經碑，三唐李靖碑。

紽，紽也。

魏瀛州剌史元廞墓誌。

跎，跎也。

僞周徐澄墓誌。

義，義也。

僞周逯貞墓誌。

羅、羅、灑，羅也。

一齊雋敬碑，二隋阮景暉造象，三後唐堯山縣宣務鄉修弟一尊

灑漢記。

䑶，那也。

唐處士何盛墓誌。

河，河也。

魏員外散騎侍郎元恩墓誌。

荷、荷也。

北涼沮渠安周碑。

岣、阿也。

周李元海造天尊象記。

過、過、過、過、過、過也。

一漢楊淮表紀、二漢西狹頌、三漢魯峻碑陰、四魏義橋石象碑、五

齊感孝頌、六隋明雲騰墓誌。

摩、摩也。

齊柴季蘭卌餘人造象記。

魔、魔也。

隋造龍華碑。

磨、磨也。

十四

魏員外散騎侍郎元恩墓誌。

迦、伽也。

隋覺城寺碑像頌文。

六麻

耶、耶、邪也。

一齊法懃禪師塔誌，二晉鄭舒妻劉氏墓誌。

斜、斜也。

齊太府卿元賢墓誌。

嗟、嗟、嗟、嗟、嗟也。

一漢魯峻碑，二魏元珽妻穆夫人墓誌，三魏安豐王妃馮氏墓誌，四隋郭休墓誌。

華、華也。

一漢景君碑陰，二漢韓勑碑，三漢樊敏碑，四漢鄭固碑，五魏呂望表，六魏寇憑墓誌，七魏冀州刺史元壽安墓誌，八魏冀州刺史元昭墓誌，九魏吐谷渾璣墓誌，十魏涇州刺史奚康生造寺碑，十一魏世宗嬪司馬氏墓誌，十二魏廉富及子天長造義井佛像記，十三魏杜文雅造象記，十四魏皇甫驎墓誌銘，十五魏朱永隆造象記，十六齊造七佛寶堪記，十七齊法懃禪師塔銘，十八齊靜明造象記，十九齊宋買造象記，二十隋宮人蕭氏墓誌，二十一隋漢澤公寇遵考墓誌，二十二隋范高墓誌，二十三唐張興墓誌銘，二十四李惠靜造象，二十五、二十六唐名州司兵姚君夫人李氏墓誌，二十七唐姚暢墓誌，二十八唐張夫人喬氏墓誌。

花，花也。

唐萇夫人墓誌。

嘉、嘉、嘉、嘉、嘉，嘉也。

一漢衡方碑，二魏員外散騎侍郎元思墓誌銘，三魏汝南太守寇演墓誌銘，四齊柴季蘭卅餘人造象記，五齊牛景悅等造石浮圖記。

蕸，葭也。

齊李清為李希宗造象。

遐、遐、遐、遐、遐、遐、遐也。

一漢魯峻碑，二晉爨寶子碑，三魏元燮造象記，四魏張玄墓誌銘，五魏高貞碑，六魏舞陰寇侃墓誌，七魏汝南太守寇演墓誌。

霞、霞、霞、霞，霞也。

一魏根法師碑，二魏天柱山東堪石室銘，三唐劉仕俌墓誌銘，四唐崔長先墓誌。

瑕，瑕也。

漢韓勑碑側題名。

䕯、䒴、芲、葩也。

一魏魏靈藏造象記，二魏陸紹墓誌，三魏女尚書馮女郎墓誌。

芭芭也。

齊宋敬業造象記。

差，差也。

齊比丘道畧造象。

邪、不、牙也。

一魏張玄墓誌銘，二隋甯長盛造橋碑。

七陽

陽，陽也。

漢韓勑碑。

楊，楊也。

漢曹全碑。

揚，揚也。

魏孝文帝弔比干文。

颺，颺也。

魏北海王元詳墓誌。

梁、梁、梁、梁、梁、梁，梁也。

一魏石門頌，二魏元祐墓誌，三魏梁州刺史元演墓誌，四魏廉富及子天長造義井佛像記，五齊靜明造象記，六隋董美人墓誌銘，七隋羊君墓誌。

量、量、量、量、量、量，量也。

一漢楊量買地券，二漢曹全碑，三梁陳寶齊造象記，四魏嵩陽寺碑，五唐大智禪師碑，六唐圭峰禪師碑。

香，香，香也。

一漢西嶽華山廟碑，二隋首山舍利塔記。

鄉、鄉、鄉、鄉、鄉、鄉、鄉、鄉也。

一漢曹全碑，二晋爨寶子碑，三宋龍驤將軍爨龍顏碑，四魏張猛龍頌，五齊雋敬碑，六隋孔河陽都尉墓誌，七唐侯君夫人墓誌。

商，商也。

魏孝文帝弔比干文。

傷、傷、傷、傷，傷也。

一魏皇内司墓誌，二魏元始和墓誌，三魏元颺妻王夫人墓誌，四

唐宋璋墓誌。

觴、觴，觴也。

一魏東平王元畧墓誌，二隋宫人陳氏墓誌。

防、防、房、房，房也。

一漢校官碑，二魏三級浮圖頌，三魏元祐墓誌，四齊房紹興造象。

慶、慶、慶，慶也。

一魏汝南太守寇演墓誌，二周段模墓誌，三僞周焦松墓誌。

薆，薆也。

齊靜明造象記。

壃、壃、壃，疆也。

一魏臨淮王元彧墓誌，二魏恆州刺史韓震墓誌，三隋嚴元貴墓誌，四隋甯贙碑。

長，長也。

魏宋景妃造象。

張，張也。

龍門張雙仁造象題名。

攘，穰也。

魏彭城武宣王妃李氏墓誌。

方，方也。

漢景君碑陰。

褢、褱、褱，褱也。

一漢孔宙碑陰，二齊宋顯伯造象記，三偽周遼陽公泉男產墓誌。

相，相也。

偽周徐澄墓誌。

驤、驤，驤也。

一魏司馬昞墓誌銘，二魏樂安王元緒墓誌。

将、将、將、将、将、㸔、將，將也。

一漢楊淮表紀，二梁蕭憺碑，三魏公孫猗墓誌，四魏華山王妃公孫氏墓誌，五隋梁瓌墓誌，六唐工部尚書崔泰之墓誌，七唐王訓墓誌銘。

亡、亡，亡也。

一隋羅寶奴造象，二隋李君習造象。

石二

忘，忘也。

魏東安王太妃墓誌。

粧、粧，妝也。

一齊董洪達造象銘，二唐涼國長公主碑。

庄、庄、莊，莊也。

一魏鄃陽縣男唐耀墓誌，二齊宋買造象記，三隋魏郡太守張軻

墓誌。

裝，裝也。

魏敬史君碑。

望，望也。

唐張藥墓誌。

霜、霜，霜也。

一魏城陽王元鷺墓誌，二齊元賢墓誌銘。

廧、廧、廧、廧、牆、壚、牆、牆、墻、牆也。

一漢曹全碑，二漢史晨後碑，三漢武班碑，四漢韓勅後碑，五魏吳郡王蕭正表墓誌銘，六隋甯贙碑，七唐段志玄碑，八唐吳季子廟碑，九梁惠光和尚塔記。

蹡、鏘也。

魏廣川孝王元煥墓誌。

玍、壬、壬、壬、弜、岀、王也。

一漢孔宙碑，二漢魯峻碑，三漢魯峻碑陰，四北徐州劉道景等造象碑陰，五、六魏比丘道瓆記。

叏、央也。

魏王僧墓誌銘。

彊、彊、強也。

一漢魯峻碑，二齊宋買造象記。

芳，芳也。

唐張君政墓誌銘。

狂，狂也。

漢衡方碑。

唐、廣、唐，唐也。

一唐段沙彌造象記，二唐韓寶才墓誌銘，三唐周公祠碑。

堂，堂也。

梁蕭憺碑。

郎，郎也。

唐工部尚書崔泰之墓誌。

廊，廊也。

魏敬史君碑。

當，當也。

魏李仲璇脩孔廟碑。

𤨒、㟵、豈、崗、罡、崗，岡也。

一魏東安王太妃墓誌，二魏司空王誦墓誌，三齊靜明造象，四唐段會妻呂氏墓誌，五唐劉玄豹夫人高氏墓誌，六周匡喆刻經頌。

𠜶、罰、對、罰、罰、罰、對，剛也。

一漢景君碑，二漢樊敏碑，三魏劉根等造象，四魏廉富及子天長造義井佛像記，五齊李清為李希宗造象記，六唐段沙彌造象記，七唐新使院石幢記。

網、綱、綱、繧、絧，綱也。

一魏孝文帝弔比干文，二魏敬史君碑，三魏西陽男高廣墓誌，四魏司空穆泰墓誌，五偽周劉基墓誌。

亢、㝈，亢也。

一齊李琮墓誌銘，二隋諸葛子恒造象記。

桒、桒、桒、桒、桒、桒，桑也。

一魏刁遵墓誌銘，二齊傅醜傅聖頭姊妹造象，三周趙智侃墓誌銘，四隋嚴元貴墓誌，五唐程鄎造橋碑，六唐大泉寺三門記。

㖪、𧘝、喪、㖪、𧘝、喪、喪、喪、喪、喪、㖪、喪，喪也。

一漢曹全碑，二晉任城孫夫人碑，三魏孝文帝弔比干文，四魏元颺妻王夫人墓誌，五魏員外散騎侍郎元恩墓誌，六魏巨始光造象，七隋龍山公墓誌銘，八唐嗣曹王妃鄭氏墓誌，九唐焦璀墓誌銘，十唐曹夫人墓誌銘，十一唐程鄎造橋碑，十二唐宇文氏墓誌銘。

萁，荒也。

魏東安王太妃墓誌。

罔、盲，肓也。

一唐鄭玄果墓誌，二僞周焦松墓誌。

黄，黃也。
唐劉庭訓墓誌。
皇、皇、皇，皇也。
一魏王方略造須彌塔記，二齊牛景悦等造石浮圖記，三隋貞天
威造象。
鳳、凰，凰也。
一齊高叡修寺碑，二唐清河郡夫人張氏墓誌銘。
航、航、航、航，航也。
一魏嵩陽寺碑，二唐老君石象碑，三唐多寶塔銘，四唐景教流行
中國碑。
范，范也。
齊董洪達造象記。
邛、邛，邛也。

一唐姬推墓誌，二唐鄭尊師誌銘。

戚，戚，臧也。

一、二唐東莞臧洪幹等十人造佛堂記。

囊，囊，囊，囊，囊，囊，囊也。

一齊雋敬碑，二齊等慈寺殘造塔記，三隋右翊衛大將軍張壽墓誌，四唐皇甫誕碑，五唐道因法師碑，六唐張玄弼墓誌銘。

傍，傍，傍，傍也。

一齊劉碑造象記，二周强獨樂爲文帝造象記，三隋宋永貴墓誌銘。

臧，臧，臧，藏，藏，也。

一漢衡方碑，二唐劉夫人楊氏墓誌銘，三唐景教流行碑，四唐馬君起造象記。

八庚

庯、庘、庚、庚也。

一漢永建食堂題字，二魏鄒縣男唐耀墓誌，三齊張龍伯造象記。

羙、羮、羹、羹也。

一魏鉅平縣侯元欽神銘，二元御服碑。

坈、埦、坑也。

一魏呂望表，二隋造龍華碑。

旨、盲也。

齊平州刺史司馬夫人造象。

撗、横、撗、横也。

一魏皇甫驎墓誌銘，二唐張沖兒墓誌，三唐大達法師塔銘。

彭、彭也。

晉溪州桐柱記。

萸、英、英、英、英、英也。

一魏程哲碑，二魏張猛龍頌，三魏高洛周造象記，四常岳等造象記，五唐結九品往生社碑。

瑛，瑛也。

宋爨龍顏碑。

亰、亰，京也。

一隋東宮左親侍盧萬春墓誌，二唐柳尚善墓誌。

京，京也。

漢孔彪碑。

荆、荊、荆、荆、荆，荆也。

一魏比丘道瓊記，二魏太尉府諮議參軍元弼墓誌，三隋張君妻蕭氏墓誌，四隋阮景暉造象，五唐老君石象碑。

朙、明、朋、朙、朙、朙、明、明，明也。

一魏三級浮圖頌，二魏王光造象，三齊靜明造象記，四唐文宣王廟新門記，五唐姚懿碑，六、七唐法琬禪師塔誌，八唐康大農墓誌，九唐東陽縣令桑貞墓誌。

盟，盟也。

魏汝陽王元睟墓誌銘。

鳴，鳴也。

漢景君碑。

榮、榮、榮、榮、榮、榮也。

一漢楊君石門頌，二晉爨寶子碑，三魏敬史君碑陰，四齊靜明造象記，五唐皇甫誕碑。

兵，兵也。

漢孔彪碑。

兄，兄，兄也。

一魏武昌王妃吐谷渾氏墓誌，二齊張龍伯造象記。

卿，卿也。

魏東安王太妃墓誌。

笙，笙也。

漢史晨後碑。

甥，甥也。

魏太尉府參軍事元侔墓誌。

鯨，鯨也。

魏楊大眼造象記。

迎、迎、迎、迎，迎也。

一魏太尉府諮議參軍元弼墓誌，二唐高元裕碑，三唐龐履溫脩佛寺碑，四唐還少林寺神王勅碑。

行，行也。

魏王僧墓誌銘。

衡、衡、衡、衡也。

一魏高湛墓誌銘，二魏嵩高靈廟碑，三魏寇憑墓誌。

耕、耕、耕、耕也。

一魏張猛龍頌，二唐盧公清德頌，三唐紀國先妃陸氏碑。

鏗、鏗也。

魏廣川孝王元煥墓誌。

莞、莞、莞、莞也。

一魏暉福寺碑，二齊邑義三百餘人造神碑尊像記，三齊高叡修

佛寺碑。

跟、跟也。

晉爨寶子碑。陰

鴛、鴛也。

唐安宜縣令王君夫人劉氏墓誌銘。

爭，争也。

漢韓勑碑。

旌、旌、旍、旌、袿、袿、袿、旌、旍、袿、袿、旌、旍、旌、旌、旍，旌也。

一漢衡方碑，二魏張猛龍碑，三魏高貞碑，四魏北海王元詳造象，五魏恆農太守寇臻墓誌，六魏顯祖嬪侯夫人墓誌，七魏汝南太寇演墓誌，八魏冀州刺史元珍墓誌，九魏甯陵公主墓誌，十魏金城郡主墓誌，十一周強獨樂為文帝造象記，十二隋諸葛子恆造象，十三隋常景墓誌，十四隋孔河陽都尉墓誌，十五唐王訓墓誌銘，十六唐張興墓誌銘。

盈、盈、盈、盈、盈、盈、盈，盈也。

一漢白石神君碑，二西鄉侯殘碑，三魏三級浮圖頌，四魏劉根等造象，五魏元公夫人薛氏墓誌，六魏西河王元悰墓誌，七唐姚彝碑。

瀛、瀛、瀛、瀛、瀛、瀛、瀛也。

一魏安樂王元詮墓誌，二魏汝陽王元畔墓誌銘，三魏冀州刺史元昭墓誌，四魏劉懿墓誌銘，五齊高叡修寺碑，六隋羊本墓誌。

營、營、營、營、帶、營也。

一漢景君碑陰，二魏李仲琁脩孔廟碑，三魏三級浮圖頌，四齊魯文捨寺造象記，五晉張朗碑。

塋、塋也。

魏城陽康王元壽妃墓誌。

嬰、嬰、嬰、嬰、嬰、嬰、嬰也。

一魏司空穆泰墓誌，二魏三級浮圖頌，三唐隆闡禪師碑，四唐魏邈妻趙氏墓誌銘，五唐亾妻李氏墓誌銘，六唐平百濟國碑。

瓔、瓔也。

唐奚虛己經幢。

纓、纓、瓔、纓、纓、纓、纓、纓、纓、纓,纓也。

一魏鞠彦雲墓誌銘,二魏根法師碑,三魏青州刺史元遵墓誌,四魏司馬昇墓誌銘,五齊雋敬碑,六隋宋永貴墓誌銘,七唐楊夫人合葬殘墓誌,八唐裴鏡民碑,九唐張元衢墓誌銘,十唐梁嘉運墓誌銘。

貞、貞,貞也。

一魏正平太守元仙墓誌,二隋李則墓誌銘。

禎、禎,禎也。

一魏司空穆泰墓誌,二隋張育墓誌。

峸、城,成也。

一魏冀州刺史元昭墓誌,二魏顯祖成嬪墓誌。

程,程也。

龍門程香雷造象題名。

聲、聲、聲、聲、聲、聲、聲、聲也。

一漢孔宙碑，二魏寇憑墓誌，三魏武昌王妃吐谷渾氏墓誌，四魏司馬昇墓誌銘，五齊董洪達造象，六唐隆闡禪師碑，七唐康武通墓誌。

征、征、征、征、征也。

一魏義橋石象碑，二魏根法師碑，三魏樂安王妃馮氏墓誌，四魏汝陽王元睟墓誌銘。

輕、輕也。

唐王璬石浮圖銘。

名、名也。

漢曹全碑。

傾、傾、傾、傾、傾也。

一魏鄒縣男唐耀墓誌，二齊李清為李希宗造象記，三隋梁瓌墓誌，四唐大達法師塔銘。

瓊、瓊、璞、瓊、瓊、瓊、瓊、瓊、瓊、瓊、璝、瓊、瓊、瓊、瓊、瓊、瓊、瓊也。

一晉中書侍郎荀岳墓誌，二、三魏皇甫驎墓誌銘，四魏張玄墓誌銘，五魏汝南太守寇演墓誌，六魏安豐王妃馮氏墓誌，七魏樂陵王元彥墓誌，八魏中山王元熙墓誌，九魏元顯儁墓誌，十隋董美人墓誌銘，十一、十二隋主簿張濬墓誌，十三隋宮人常泰夫人房氏墓誌，十四唐王夫人墓誌，十五唐張逸墓誌，十六唐邊真墓誌，十七唐宴石淙詩，十八唐楊智積墓誌銘，十九宋同年酬唱詩。

煢、惸，惸也。

一晉沛相張朗碑，二隋主簿張濬墓誌。

九青

経、經，經也。

魏河間王元定墓誌。

湼，涅也。

唐武懷亮墓誌。

迋、𨗽，庭也。

一魏孫秋生造象記，二唐馬君起造象記。

停、𠊩，停也。

一齊李清報德象記，二隋李則墓誌銘。

廷，𨑓也。

唐台州刺史陳皆墓誌。

曐、皇，星也。

一魏比丘道瓚記，二隋元公夫人姬氏墓誌銘。

霊、𩂯、𩃎、𩃬、𩂩、𩃽、𩃎、𩄮、𩃎、𩃎、𩃎、𩄮、𩃎、𩃬、𩃎、𩃎、𩃬、𩆜、𩃎、𩅫、霝、霊、𩅫、𩆐、

𩆚、𩆜、𩆜、𩃎、𩆜、𩆜、𩃎、𩅫、𩆜、𩃎、𩄮、𩃎、𩃎、𩅫、𩃎、𩃎，靈也。

一漢景君碑陰，二漢楊君石門頌，三漢王稚子闕，四宋爨龍顏碑，

五龍門靈資像題字，六晉當利里社殘碑，七魏元公夫人薛氏墓誌，八魏太尉公爲孝文皇帝造象，九魏寇憑墓誌，十魏世宗嬪司馬氏墓誌，十一魏金城郡主墓誌，十二魏皇内司墓誌，十三、十四魏廉富及子天長造義井佛像記，十五魏程哲碑，十六魏元盜造象，十七魏杜文雅造象，十八魏陽城洪懋造象，十九魏嵩岳靈廟碑，二十魏關勝誦德碑，二十一魏王僧墓誌銘，二十二魏杜文雅造象記，二十三魏李洪演造象記，二十四魏杜安遷造象記，二十五周李進輝造象，二十六齊牛景悦等造石浮圖記，二十七齊宋買造象記，二十八齊姜纂造象，二十九齊朱氏邑人造象，三十齊武平五年殘造塔記，三十一隋密長盛造橋碑，三十二隋羊本墓誌，三十三隋劉淵墓誌，三十四隋孔河陽都尉墓誌，三十五隋嚴元貴墓誌，三十六隋信州舍利塔下銘，三十七隋董美人墓誌銘，三十八唐左光祿大夫段瑗墓誌，三十九唐王君妻梁氏墓誌，四十唐太原王府君墓誌銘，四十一唐周公祠碑，四十二唐大泉寺三門記，四十三唐景教流行中國碑。

齡、齡、齡、齡、齡、齡、齡、齡、齡、齡、齡、齡、齡、齡、齡也。

一晉沛相張朗碑，二魏河間王元定墓誌，三魏汾州刺史元彬墓誌，四、五魏汝陽王元暐墓誌，六魏三級浮圖頌，七魏始平公造象記，八魏刁遵墓誌銘，九齊比丘尼僧智等造象，十唐李毛仁造浮圖碑，十一唐張興墓誌銘，十二唐仕倫墓誌銘，十三唐藺林觀記。

聆、聆也。

魏孝文帝弔比干文。

零、零也。

魏杜文雅造象記。

窰、窑也。

晉馮恭墓石記。

聽、聽、聽，聽也。

一漢楊孟文頌，二唐述聖頌，三唐張軫墓誌銘。

冥、冥、寘、宾、寘、寘、冥、寘、冥、冥、冥、寘、奥、宜，冥也。

一漢韓勑後碑，二漢楊君石門頌，三北涼沮渠安周碑，四魏太中大夫元玕墓誌，五、六魏孝文帝弔比干文，七魏三級浮圖頌，八魏李超墓誌銘，九齊姜纂造象，十齊西門豹祠堂碑，十一齊比丘尼慧承造象，十二唐魏邈妻趙氏墓誌銘，十三唐右監門中郎將高嶸墓誌，十四周段摸墓誌。

銘、詺，銘也。

一魏金城郡君墓誌，二魏武定元年道俗九十人造象詺。

滇、滇，滇也。

一隋明雲騰墓誌，二偽周遼陽公泉男產墓誌。

瞑，瞑也。

隋董美人墓誌銘。

㳍、㳍也。

唐王素臣墓誌。

扄、鍋、鎘、扃也。

一魏元天穆墓誌，二魏王僧墓誌銘，三唐張軫墓誌銘。

坰、坰也。

魏南安王楨墓誌。

十蒸

蒸、烝、蒸也。

一隋諸葛子恒造象記，二唐張慶之墓誌。

承、承、承也。

一魏張猛龍碑，二齊雋敬碑。

丞、丞、丞、丞也。

一、二魏涼州刺史元維墓誌，三齊高叡爲父母造象記。

澄，澄也。

唐刑部侍郎鄭肅墓誌。

陵，陵也。

周寇脩哲墓誌。

蔆，蔆也。

唐孫君夫人宋氏墓誌。

馮、馮，馮也。

一隋楊居墓誌，二隋護澤公寇遵考墓誌。

冰，冰也。

晉爨寶子碑。

繩、繩，繩，繩也。

一周華岳頌，二隋豆盧寔墓誌，三唐李文墓誌銘。

乗、棄、乘也。

一漢郙閣頌，二唐張興墓誌銘。

夘、外、外也。

一隋龍藏寺碑，二唐黃素墓誌。

仍、仍、仍、仍也。

一魏西陽男高廣墓誌，二魏潁川太守元襲墓誌，三魏冀州刺史元珍墓誌，四魏司空穆泰墓誌。

兢、兢也。

漢衡方碑。

矜、矜、矜、矜也。

一漢校官碑，二魏陽平王太妃李氏墓誌，三隋太僕卿元君墓誌銘。

徵、徵、徵也。

一魏太中大夫元玕墓誌，二魏奚智墓誌。

凝、淞、凝、凝、凝、凝、凝，凝也。

一魏孝文帝弔比干文，二魏武昌王妃吐谷渾氏墓誌，三魏齊郡王妃常氏墓誌，四魏汝南太守寇演墓誌，五魏趙郡王元毓墓誌，六隋田光山夫人李氏墓誌，七隋首山舍利塔銘。

興、興、興、興、興、興、興，興也。

一漢張遷碑，二漢魯峻碑，三龍門畢法興造象題名，四魏司馬昞墓誌銘，五魏孝文帝弔比干文，六魏義橋石象碑，七宋張釜玻瓈泉題名。

稱、稱、稱、秤、稱、稱，稱也。

一魏比丘貞光造象，二魏七兵尚書寇治墓誌，三魏傅姆王遺女墓誌，四隋李則墓誌銘，五周曹恪碑，六唐李從征墓誌。

登、登，登也。

一魏嵩陽寺碑，二魏解伯達造象記。

僧、僧、僧，僧也。

一魏張猛龍碑，二魏嵩陽寺碑，三龍門王僧會造象題名。

崩、崩，崩也。

一唐曹夫人墓誌銘，二唐武懷亮墓誌。

曾、曾、曽、曽、冒，曾也。

一魏中山王元熙墓誌，二魏胡昭儀墓誌，三隋□世琛墓誌，四唐趙君夫人郭氏墓誌，五唐房寶子墓誌。

用、用、朋，朋也。

一魏女尚書馮女郎墓誌，二魏員外散騎侍郎元恩墓誌，三唐處士何盛墓誌。

弘、弘，弘也。

一隋騰王子楊厲墓誌。

胋、胋、胠，肱也。

一魏三級浮圖頌，二齊高叡修寺碑，三隋故平正常景墓誌。

亮、薨、薨、薨、甍，薨也。

一漢甘陵相□博殘碑，二魏饒陽男元遥墓誌，三魏顯祖嬪侯夫人墓誌，四魏武昌王妃吐谷渾氏墓誌，五隋郭世昌墓誌。

䏻、能、能、能、能，能也。

一魏嵩岳靈廟碑，二魏比丘道寶記，三魏比丘道穎等造象，四隋張道深等造象記，五隋阮景暉造象，六北徐州興福寺劉道景造象碑。

騰、騰、騰、騰、騰，騰也。

一魏孫秋生造象記，二魏義橋石象碑，三魏王偃墓誌，四魏彭城武宣王妃李氏墓誌，五魏寇憑墓誌，六魏金城郡主墓誌，七魏廉富及子天長造義井佛像記。

縢縢也。

隋牛君夫人申氏墓誌。

十一尤

郵郵、卸、郵也。

一漢衡方碑，二漢武榮碑，三隋上林署丞卞鑒墓誌。

憂憂也。

漢衡方碑。

優優、優、優也。

一魏小劍戍主元平墓誌，二魏巨始光造象，三唐馬君起造象記。

劉劉、劉、劉、劉、劉、劉、劉、劉、劉、劉、劉、劉也。

一漢韓勑碑側，二、三魏孫秋生造象記，四魏三級浮圖頌，五魏李仲璇脩孔廟碑陰，六魏宮內大監劉阿素墓誌，七魏蔡洪象碑，八龍門劉伯大造象題名，九齊西門豹祠堂碑陰，十隋阮景暉造象，

十一唐李文墓誌銘，十二唐大德寺碑，十三唐結九品往生社碑，

十四唐楚州安宜令王君夫人劉氏合葬龕銘。

畄、畱、畄、畱、畱、畱、畱、畱、畱、畱、留也。

一漢景君碑，二漢張遷碑，三魏恆州刺史元纂墓誌，四隋張通妻陶貴墓誌銘，五唐潘卿墓誌，六唐張藥墓誌，七唐高應墓誌銘，八唐崔璀墓誌銘，九唐陳護墓誌銘，十唐蘇瓌碑。

浨、流、流也。

一漢韓勑碑，二唐秀岳銘。

旈、旒也。

齋邑主造象頌。

烋、秋也。

魏周哲墓誌。

戫、猷、猷、戫、猷、猷也。

一北涼沮渠安周碑，二魏鄭長猷造象記，三魏司馬元興墓誌銘，四唐姜行本紀功頌，五唐徵士萬德墓誌。

猶、猶、猶、猶、猶也。

一漢三老諱字忌日記，二漢張遷碑，三齊李清為李希宗造象記，四隋房山華嚴經，五唐麓山寺碑。

悠、悠、悠也。

一隋董美人墓誌，二唐諸葛府君韓氏墓誌。

攸、攸、攸、攸、攸、攸、攸、攸、攸、攸，攸也。

一漢衡方碑，二敬史君碑，三魏刁遵墓誌銘，四魏俊儀男元周安墓誌，五魏高湛墓誌銘，六、七魏李洪演造象，八齊董洪達造象記，九隋冠軍司錄元鍾墓誌，十唐張夫人裔氏墓誌。

遊、游、遊、遊、遊、遊、游也。

一漢張遷碑，二魏鞠彥雲墓誌銘，三魏雲峯山題字，四齊宋買造象記，五隋仲思那造橋碑，六隋密長盛造橋碑，七隋董美人墓誌。

酋，酋也。

魏皇甫驎墓誌銘。

循、脩、俏、脩、脩、脩、脩，脩也。

一漢景君碑，二魏義橋石象碑，三齊宗買造象記，四齊賈思業造象記，五齊元賢墓誌，六唐張尊師碑，七唐趙氏墓誌銘，八唐李從証墓誌。

悠，修，修也。

一齊元賢墓誌銘，二隋龍華碑。

蓋，蓋也。

唐鄭恕己墓誌。

洀、舟、舟、舟，舟也。

一隋孫龍伯造天宮義井記，二隋内承奉劉則墓誌，三唐高士楊崇墓誌，四唐李文墓誌銘。

柔、矛、柔、柔、柔、柔也。

一魏孝文帝弔比干文，二魏皇甫驎墓誌銘，三隋鮑宮人墓誌，四唐王文隲夫人趙氏墓誌，五唐王君夫人李氏墓誌。

収、牧、技、妝、收也。

一魏恆州大中正于景墓誌，二魏正平太守元仙墓誌，三魏河間王元定墓誌，四隋賈珉墓誌。

鳩、鳩也。

魏瀛州刺史元廞墓誌。

搜、捜、搜也。

一魏皇甫驎墓誌，二隋正議大夫伍道進墓誌。

鄙、鄙、鄙、鄙、鄙、鄙也。

一宋鄙非熊九曜石題名，二魏張猛龍碑，三魏敬史君碑陰，四齊高叡脩佛寺碑，五隋冠軍司錄元鍾墓誌，六唐董惟靖墓誌銘。

驅、駒、駋、駘、騶也。

一漢韓勑碑陰，二魏冀州刺史元昭墓誌，三唐右勳衛周君平墓誌，四唐岱岳觀題名。

烋、烌、𤈦、烋、烋、𤇜、𤈦、𤇜、休也。

一魏張玄墓誌銘，二魏張猛龍清頌碑，三魏司馬昞墓誌，四魏司馬元興墓誌，五魏乞伏銳造象，六魏三級浮圖頌，七魏彭城武宣王妃李氏墓誌，八隋脩七帝寺碑。

傳、傳也。

隋宮人司寶陳氏墓誌。

疇、疇也。

唐張琮碑。

籌、籌、籌也。

一魏石門銘，二唐文林郎夫人張氏墓誌。

仇，仇也。

龍門仇文慶造象題名。

来、汖、求、求，求也。

一漢張遷碑，二魏魏靈藏造象記，三齊高叡脩寺碑，四隋豆盧寔墓誌。

絿，絿也。

周撿挍司徒蕭處仁墓誌。

浮，浮也。

隋仲思那造橋碑。

謀，謀也。

漢校官碑。

侔，侔也。

唐通君閩夫人墓誌。

琗，佳，侯，侯也。

一魏王偃墓誌，二魏張始孫造象記，三唐台州刺史陳皆墓誌。

樓，樓，樓，樓也。

一隋仲思那造橋碑，二劉道景等造象碑，三唐雷詢墓誌銘。

妻，妻也。

僞周遼陽公泉男産墓誌。

頭，頭也。

齊靜明造象記。

柀，投也。

隋常景墓誌。

皃，皃，皃，皃也。

一北涼沮渠安周碑，二魏魏靈藏造象記，三常岳等百人造象記。

虯、虬，蚪也。
一魏高湛墓誌銘，二唐敬善寺石象銘。
霦、雹，彪也。
一漢韓勑碑側題名，二漢史晨後碑。
十二侵
㑴，侵也。
魏義橋石象碑。
尋、尋，尋也。
一魏比丘洪寶造象，二魏高湛墓誌，三魏比丘道瓊記，四魏孔羨碑，五魏皇甫驎墓誌銘，六魏敬史君碑，七魏涇州刺史奚康生造寺碑，八齊太府卿元賢墓誌，九魏江陽王元乂墓誌，十魏鉅平縣侯元欽神銘，十一魏穎川太守元襲墓誌，十二齊法懃禪師塔銘，十三齊董洪達造象，十四、十五齊劉碑造象，十六、十七齊高叡修寺碑，十八周强獨樂爲文帝造象記，十九隋張景略銘，二十隋騰王子楊厲墓誌，二十一唐李珪墓誌。

臨、瀶、臨、臨、臨、瞼、臨、臨也。

一魏王偃墓誌，二魏源磨耶壙誌，三魏帥僧達造象，四魏關勝誦德碑，五魏皇甫驎墓誌銘，六齊宗買造象記，七隋甯長盛造橋碑。

針，針也。

魏杜文雅造象記。

𫛞，雋也。

唐王元崇墓誌。

深、浗、深、深、深、深也。

一漢鄐閣頌，二齊諸葛始興造象，三隋張道深等造象記，四隋杜乾緒造象記，五唐大智禪師碑。

婬，淫也。

隋諸葛子恆造象記。

怸、心也。

偽周邢彥褒墓誌。

琹、琴也。

魏員外散騎侍郎元恩墓誌。

禽、禽、獊、禽、禽也。

一漢張遷碑，二漢校官碑，三魏廉富及子天長造義井佛像記，四齊唐邕寫經碑。

衾、衾也。

魏元珽妻穆夫人墓誌。

金、金、金、金、金、金、金也。

一魏比丘道璸記，二魏三級浮圖頌，三魏中山王元熙墓誌，四魏吳郡王蕭正表墓誌，五齊董洪達造象，六齊法懃禪師塔銘，七唐孫君夫人宋氏墓誌。

衿，衿也。

隋郭通墓誌。

棊，棊也。

魏傅姆王遺女墓誌。

音，音也。

唐楊君夫人韋氏墓誌銘。

陰、陰、陰、陰、陰，陰也。

一魏陽城洪懋等造象，二魏王銀堂造象，三魏鄒縣男唐耀墓誌，四唐鬱林觀碑，五唐成公夫人墓誌。

簪、簪，簪也。

一隋虎賁内郎將關明墓誌，二唐薛君夫人柳氏墓誌銘。

十三覃

覃、覃也。

唐梁思亮墓誌。

曇、曇、曇也。

一魏韓顯祖造象，二齊董洪達造象記。

譚、譚也。

唐梁思亮墓誌銘。

叅、叅、叅、叅、叅、叅、參也。

一漢衡方碑，二魏冀州刺史元子直墓誌，三周曹恪碑，四隋甯贙碑，五隋曹植碑，六唐太原王夫人墓誌。

驂、驂也。

齊彭城王攸造寺功德碑。

南、南、南、南、南也。

一魏淮南王元顯墓誌，二周聖母寺造象記，三齊石永興造象記，四唐八關齋會報德記。

唅、哈含、含、㕣、含、含也。

一魏楊大眼造象記，二魏韓顯祖造象，三魏顯祖嬪侯夫人墓誌，

四魏胡昭儀墓誌，五隋滛于儉墓誌文，六唐九成宫醴泉銘。

浛，涵也。

唐游石室新記。

凾、凾、凾，亟也。

一魏南安王楨墓誌，二唐焦璀墓誌銘，三唐尼廣惠塔銘。

鴿，頷也。

隋楊秀墓誌。

蝅、蠶、蚕、蝅，蠶也。

一漢衡方碑，二魏受禪表，三魏凝禪寺三級浮圖頌，四魏始平文

貞公國太妃盧氏墓誌。

探,探也。
唐御史臺精舍碑。
堪、勘、堪,堪也。
一魏鄒縣男唐耀墓誌,二齊諸葛子恆造象記,三隋滕王子楊厲
墓誌。
談,談也。
魏寇憑墓誌。
曰,甘也。
魏齊郡王元祐墓誌。
籃、蘫,藍也。
一魏豫州刺史元珽墓誌,二齊諸葛始興造象。
聃,聃也。
隋豆盧寔墓誌。

十四鹽

鹽、壜、鹽、壜、鹽、鹽、鹽也。

一漢武梁祠畫象題字，二魏司空穆泰墓誌，三魏江陽王元乂墓誌，四齊道興造象記，五唐王項夫人陳氏墓誌銘，六唐楊氏夫人合葬殘墓誌。

閻、閻、閻、閻、閻、閻也。

一魏洪寶造象銘，二常岳等造象記，三梁惠光和尚舍利塔銘，四齊姜纂造象，五宋普濟禪院碑。

檐、檐、檐也。

一齊牛景悅等造石浮圖記，二唐史信墓誌。

詹、詹、詹、詹、詹、檐、詹也。

一魏張猛龍碑，二魏邑義赫連子悅五百餘人造象，三齊高叡修佛寺碑，四隋主簿張濬墓誌，五唐大泉寺三門記，六唐文宣王廟新門記。

廉、廉、廉、廉、廉也。

一漢楊淮表紀，二漢衡方碑，三魏孝文帝弔比干文，四龍門程訫

廉神龍造象題名。

匳、匳也。

隋元公夫人姬氏墓誌銘。

遲、遲也。

漢景君碑陰。

籤、籤也。

唐上騎都尉王素墓誌。

鬚、鬚也。

唐景教流行中國碑。

䖃、攕、殲也。

一魏趙郡王元毓墓誌，二魏元氏趙夫人墓誌。

瀸，瀸也。

晉爨寶子碑。

銓，鈐也。

唐漁陽縣子閻虔福墓誌。

甛，甜也。

魏傅姆王遺女墓誌。

謙，謙也。

魏敬史君碑陰。

兼、兼，兼也。

一唐周志遠造象記，二劉道景造象。

瞻、瞻、瞻、瞻、瞻、瞻、瞻、瞻、瞻、瞻、瞻、瞻、瞻、瞻、瞻，瞻也。

一魏鄭羲下碑，二魏高貞碑，三魏雍州刺史元固墓誌，四魏鉅平縣侯元欽神銘，五魏東安王太妃墓誌，六魏陽城洪懋等造象，七隋宮人蕭氏墓誌，八唐楊士達墓誌，九唐上騎都尉王素墓誌，十唐康留買墓誌，十一唐瞿惠隱墓誌，十二唐史信墓誌，十三唐孫君幼女墓誌，十四唐于孝顯碑，十五唐敬善寺石象記。

散、敬、穀、歡、欲、巖、敍、數、敢、巖、嚴也。

一魏嵩高靈廟碑，二魏張猛龍碑，三魏安定王造象記，四魏寧陵公主墓誌，五魏王僧墓誌，六魏吳郡王蕭正表墓誌銘，七齊元賢墓誌銘，八齊宋買造象記，九隋張暉造象，十唐大達法師塔銘。

十五咸

戚，戌也。

漢曹全碑。

醎，鹹也。

唐麓山寺碑。

讒、讒，讒也。

一魏恆州大中正于景墓誌，二隋曹植碑。

毚，毚，毚也。

魏彭城武宣王妃李氏墓誌。

攙，攙，攙也。

唐張通墓誌。

銜，銜，銜也。

魏郃縣男唐耀墓誌。

巉，巉，巉也。

魏張猛龍碑。

巖、巖、巖、巖、巖，巖也。

一魏皇甫驎墓誌銘，二魏闞勝誦德碑，三齊李清報德象碑，四齊静明造象記，五常岳等造象記。

凡，凡也。

魏魏靈藏造象記。

卷二

碑別字卷三

上聲

上虞羅振鋆玉輯

一董

董、董、董也。

一漢校官碑，二漢景君碑陰。

摠、揔、摠、摠、揔、摠、緫、揔、惣、揔、総、惣、惣、總也。

一魏關勝誦德碑，二魏雍州刺史元固墓誌，三魏冀州刺史元昭墓誌，四隋脩七帝寺彌勒象記，五隋鄭夫人墓誌，六隋內承奉劉則墓誌，七隋阮景暉造象記，八唐趙義本墓誌，九唐左光祿大夫段瑗墓誌，十唐于孝顯碑，十一唐景教碑，十二唐王項夫人陳氏墓誌銘，十三唐還少林寺神王勅碑，十四唐圭峯禪師碑。

二腫

蹱踵也
魏汝南太守寇演墓誌
龍壟也
隋甯贙碑
擁擁也
隋澧水石橋碑
冡冢也
漢史晨後碑
涌涌也
漢郙閣頌
㥥踴踊也
一魏杜文雅造象記二魏宮一品張安姬墓誌
恖恐也

魏義橋石象碑。

竦、竦也。

唐樂達墓誌。

三講

講、講也。

漢武榮碑。

四紙

是、是、是也。

一魏石門銘、二北徐州劉道景造象記。

靡、靡也。

魏三級浮圖頌。

彼、彼、彼、彼也。

魏杜文雅造象、二魏宮内大監劉阿素墓誌、三齊劉碑造象記。

毀、毀、毀、毀、毀、毀也。

一魏燕州刺史元颺墓誌，二魏寇憑墓誌，三魏鉅平縣侯元欽神銘，四隋賈珉墓誌，五隋嚴元貴墓誌，六唐竇公夫人楊氏墓誌。

跪、跪也。

隋諸葛子恆造象記。

髓、髓也。

隋尉氏女墓誌銘。

藥、藥也。

隋董美人墓誌銘。

此、此、此、此、此、此、此也。

一漢衡方碑，二魏中岳嵩陽寺碑，三常岳等造象記，四隋阮景暉造象，五唐宗聖觀碑，六唐磁州千佛碑。

聖、聖、聖、聖也。

一漢景君碑，二漢白石神君碑後題字，三魏孝文帝弔比干文碑陰。

徔，從也。

唐武懐亮墓誌。

屣，屣也。

周段摸墓誌。

俾，俾也。

魏呂望表。

爾，尒，爾也。

一魏孝文帝弔比干文，二齊感孝頌後唐楊傑題字。

迩，迩，迹，邇也。

一魏鉅平縣侯元欽神銘，二隋嚴元貴墓誌，三魏范陽王元誨墓誌。

豕，豕也。

周賀屯植墓誌。

措，措也。

隋田光山夫人李氏墓誌。

美、美、美、美、美、美、美，美也。

一漢曹全碑，二魏崔頠墓誌銘，三魏汝陽王元賥墓誌銘，四隋李則墓誌銘，五隋仲思那等造橋碑，六唐郎官石柱記，七唐王慶墓誌，八唐多寶塔銘。

否，否也。

唐張文珪造象銘。

光、光、光、咒，兕也。

一漢孔宙碑，二魏劉懿墓誌，三魏臨淮王元彧墓誌，四唐等慈寺碑。

姊，姊也。

漢武梁祠畫象題字。

葢，蓋也。

魏瀛州刺史元廞墓誌。

暑，暑也。

魏樂安哀王元悅墓誌。

雉，雉也。

魏上黨王元天穆墓誌。

履、履、履、履、履、履，履也。

一漢衡方碑，二魏劉玉墓誌銘，三魏石門銘，四魏宮內大監劉阿素墓誌，五魏東安王太妃墓誌，六隋□世琛墓誌。

氷，水也。

魏元氏趙夫人墓誌。

誄、誄、誄，誄也。

一晉爨寶子碑，二魏鄭羲下碑，三隋阮景暉造象。

癸，癸也。

魏王方畧造象記。

喜、憙，喜也。

一漢孔宙碑，二唐老君石象碑。

㠯，以也。

唐程郇造橋碑。

姒，姒也。

魏元氏故蘭夫人墓誌。

耜，耜也。

唐陶大舉碑。

史，史也。

隋宮人五品程氏墓誌。

使、使也。

魏鄭羲碑。

始、始也。

魏奚智墓誌。

起、起、起也。

一魏義橋石象碑，二齊李清為李希宗父子造象記。

梓、梓也。

唐石州刺史劉穆墓誌。

矣、矣也。

漢校官碑。

擬、擬、擬也。

一齊法懃禪師塔銘，二周强獨樂為文帝造象碑。

齒、齒、齒、齒、齒、齒、齒也。

一魏王僧墓誌銘，二周曹恪碑，三隋田光山夫人李氏墓誌，四唐僧義福塔銘，五唐張琮碑，六唐陳義墓誌銘。

耻，耻也。

唐楊氏夫人合葬殘墓誌。

祉，祉也。

魏汝陽王元睟墓誌。

五尾

尾、尾，尾也。

一齊李清為李希宗父子造象記，二隋仲思那造橋碑。

豈、豈、豈、豈，豈也。

一唐王仲建墓誌，二北涼沮渠安周碑，三周撿挍司徒蕭虞仁墓誌，四宋仇公著墓誌。

朏、朏也。
魏敬史君碑陰。

篚、篚也。
唐濟瀆廟器具記。

俾、俾、俾也。
一晉爨寶子碑，二隋造龍華碑。

萆、箄、萆也。
一晉爨寶子碑，二魏王偃墓誌。

六語

御、御也。
隋正議大夫伍道進墓誌。

脊、脊、脊也。
一魏雍州刺史元固墓誌，二齊太府卿元賢墓誌。

旅、㫎、旅、振、旅、旅、振、旅、旅、振、旅也。

一北涼沮渠安周碑，二魏楊大眼造象記，三魏高湛碑，四魏冀州刺史元珍墓誌，五魏恆州刺史韓震墓誌，六魏北海王元詳造象，七隋龍華碑，八九唐新使院石幢記，十唐大泉寺三門記。

紵、綒、紵也。

一隋宮人司樂劉氏墓誌，二隋宮人六品墓誌。

與、與、兵、與也。

一魏比丘道瓊記，二唐楊夫人合葬殘墓誌，三唐工部尚書崔泰墓誌。

汝、汝也。

魏呂望表。

暑、景、暑也。

一魏鎮北大將軍元思墓誌，二魏陸紹墓誌。

䑕，鼠也。

唐開業寺碑。

来，黍也。

漢孔宙碑。

𩃬、𩃬、𩃬、䖏、䖏、䖏、䖏，處也。

一、二漢韓勑碑陰，三、漢曹全碑，四魏嵩高靈廟碑，五、齊董洪達造象，六隋豆盧寔墓誌，七唐王君妻梁氏墓誌，八唐張仁琟造象銘。

貯，貯也。

齊太府卿元賢墓誌。

拒，拒也。

隋昌國惠公寇奉叔墓誌。

炬，炬也。

唐姚元之造象。

所、昑、斦、所也。

一北涼沮渠安周碑，二齊張龍伯造象記，三北徐州劉道景造象記。

楙、楚、楚、楚、楚也。

一漢樊敏碑，二魏敬史君碑，三魏樂安哀王元悅墓誌，四龍門高楚造象題名，五齊劉碑造象記。

舉、舉、舉、舉、舉、舉、舉、舉也。

一漢韓勑碑陰，二宋趙希仁九曜石題名，三魏司馬景和妻墓誌銘，四魏李仲琁脩孔廟碑，五魏劉玉墓誌銘，六張僧國張阿讒等造象記，七唐尚書司勳郎中吉渾墓誌。

序、序、序也。

一魏女尚書王僧男墓誌，二隋楊秀墓誌。

七麌

禹，禹也。

漢孔宙碑陰。

雨，雨也。

魏陽城洪懋等造象。

宇，宇也。

齊元賢墓誌銘。

聚、聚、聚，聚也。

一齊宋敬業造象記，二齊董洪達造象，三元建福院記。

俯，俯也。

齊李清為李希宗造象記。

府、府、府，府也。

一魏鞠彥雲墓誌銘，二魏皇甫驎墓誌，三魏汝南太守寇演墓誌。

蓋，蓋也。

魏瀛州刺史元廞墓誌。

黼、黼、黼、黼，黼也。

一魏胡昭儀墓誌，二齊高叡脩佛寺碑，三周趙智侃墓誌銘，四唐張琮碑。

父，父也。

隋甯贙碑。

弍、武、䟼，武也。

一漢校官碑，二魏鞠彥雲墓誌銘，三唐建陵縣令席泰墓誌。

儛、儛、儛、舞，舞也。

一魏韓顯祖造象，二魏汝陽王元賥墓誌，三隋六品御女唐氏墓誌，四僞周焦松墓誌。

庚，庚也。

魏齊郡王妃常氏墓誌。

愈、愈也。

唐魏公先廟記。

數、數、數、數、數也。

一魏上黨王元天穆墓誌，二魏廣陽王元湛墓誌，三隋昌國惠公寇奉叔墓誌，四隋新鄭縣令蕭瑾墓誌。

矩、矩、矩、矩也。

一魏司馬景和妻墓誌，二魏關勝誦德碑，三隋呂胡墓誌。

虜、虜、虜也。

一魏寇憑墓誌，二魏汝南太守寇演墓誌。

鼓、鼓、鼓也。

一齊唐邕寫經碑，二隋造龍華碑。

豎、豎也。

隋諸葛子恆造象記。

祖、祖、祖、祖也。

一隋右翊衛大將軍張壽墓誌，二隋晉王祭酒車詵墓誌，三唐樂

達墓誌。

虎、虎、虎也。

一魏後儀男元周安墓誌，二齊董洪達造象。

苦、苦、苦、苦也。

一魏邑主造象頌，二隋仲思那造橋碑，三唐瞿府君夫人墓誌銘。

戶、戶也。

唐温彥博碑。

補、補也。

齊平等寺碑。

八畫

禮、禮、禮、禮、禮、禮、禮也。

一漢孔廟置百石卒史碑，二漢景君碑，三魏張猛龍頌，四魏嵩岳靈廟碑，五魏杜文雅造象，六齊劉碑造象記、周段模墓誌。

蠡，蠡也。

齊李清為李希宗造象記。

體、軆、躰、軆、躰，體也。

一漢景君碑，二漢張遷碑，三魏武昌王妃吐谷渾氏墓誌，四齊眪赤齊造象記，五齊宋敬業造象記。

済、濟、濟，濟也。

一魏宮一品張安姬墓誌，二、三魏武昌王妃吐谷渾氏墓誌。

邸、邸，邸也。

一魏邸珍碑，二隋劉相墓誌。

悌，悌也。

隋主簿張濬墓誌。

逄，遞也。

唐夏侯思泰墓誌。

戱、啓、啓，啟也。

一魏孝文帝弔比干文，二隋元君夫人姬氏墓誌銘，三隋諸葛子恆造象記。

櫱，蘖也。

唐臧希晏碑。

陞、陸、陸，陞也。

一魏比丘員光造象，二魏王方略造須彌塔記，三齊賈思業造象記。

九蟹

觧、觧、觧，解也。

一魏郃縣男唐耀墓誌，二魏解伯達造象記，三唐段沙彌造象記。

十賄

改改，改也。

魏義橋石象碑。

十一軫

菌菌，菌也。

魏三級浮圖頌。

蠢蠢，蠢蠢也。

一齊孟阿妃造象，二隋李君譼造象。

原書闕葉據增訂前初刻本補

愍、愍、愍、愍也。

一、二魏義橋石象碑，三隋鄧州舍利塔下銘。

慜、敏也。

魏穎川太守元襲墓誌。

頍、頍也。

晉處士成晃君碑。

蠭、蠢、蠢、蠢、蠢、蠢、蠢也。

一魏闞杜僧惠朗等造象記，二魏鉅平縣侯元欽神銘，三齊軌禪師造象記，四齊劉碑造象記，五齊孟阿妃造象，六隋李君磬造象。

輴、輴、輴也。

一魏廣川孝王元煥墓誌，二隋昌國惠公寇奉叔墓誌。

十二吻

憤、憤也。

漢韓勑後碑。

㵝，溘也。

魏齊郡王元祐墓誌。

隱、隠、隠、隱，隱也。

一漢衡方碑，二常岳等百人造象記，三唐孔子廟堂碑，四唐王仲

建墓誌。

卺，巹也。

唐高平郡公劉夫人楊氏墓誌銘。

近，近也。

唐蕭貞亮墓誌。

凱，凱也。

漢曹全碑。

十三阮

逺遠也。
唐鬱林觀碑。
偃、偃、偃、偃、偃、偃、偃、偃、偃、偃也。
一魏王偃墓誌銘、二、三齊劉碑造象記、四齊鄭子尚墓誌、五隋曹子建碑、六齊法懃禪師塔銘、七唐于孝顯碑、八唐楊氏夫人合葬墓誌、九唐段會妻呂氏墓誌。
𡨚蹇也。
隋呂胡墓誌。
晩晚也。
魏韓顯宗墓誌。
挽、挽、挽也。
一魏青州刺史元遵墓誌、二齊太府卿元賢墓誌。
晥晥也。

隋六品御女唐氏墓誌。

宛，宛也。

一齊靜明造象記。

夲、夲，本也。

一漢白石神君碑，二唐大智禪師碑。

衺、衺、衺、衺、衺、衺、衺，衰也。

一魏孝文帝弔比干文，二魏太尉府諮議參軍元弼墓誌，三魏廣陵王元羽墓誌，四魏瀛州刺史元廞墓誌，五魏司空穆泰墓誌，六魏范陽王元誨墓誌，七齊臨淮王象碑。

鬪、畫、壹，壹也。

一魏任城文宣王太妃馮墓誌，二隋宮人司燈李氏墓誌，三唐宣城縣尉李君夫人賈氏墓誌。

悤、悤，悤也。

隋鄧州舍利塔下銘。

十四旱

垾、坦也。

常岳等造象記。

伹、但也。

常岳等造象記。

蜒、蛋也。

梁蕭憺碑。

涚、浣也。

隋張君妻蕭氏墓誌。

挋、拉、短也。

一漢韓仁銘，二隋孔河陽都尉墓誌。

菅、管也。

十四

唐遊石室新記。

與，盥也。

唐張藥墓誌。

卯，卯也。

魏青州刺史元暐墓誌。

滿、滿、滿，滿也。

一魏陸紹墓誌，二唐鄭尊師誌銘，三唐武騎尉張弘墓誌。

十五潸

唐孔子廟堂碑。

唍，莞也。

柬、柬、柬，柬也。

一唐張軌墓誌，二唐張玄弼墓誌。

十六銑

典、𠀍、典、典、典、典、典也。

一漢孔宙碑，二漢衡方碑，三魏鄭羲下碑，四魏嵩岳靈廟碑，五魏城陽王元鸞墓誌，六齊李清報德象碑。

緬、蠒、繭也。

一魏三級浮圖頌，二隋孔河陽都尉墓誌。

顯、顯、顯、顯、顯也。

一漢魯峻碑陰，二龍門呂顯樹造象題名，三魏比丘道瓚記，四周强獨樂爲文帝造象記。

犮、犬也。

魏太中大夫元玕墓誌。

演、演、演、演、演也。

一魏龍門法演造象題名，二齊劉碑造象記，三隋首山舍利塔記，四唐開業寺碑。

十五

衎,衎也。

唐王徵君臨終口授銘。

踐、践,踐也。

一魏汶山侯吐谷渾璣墓誌,二唐石州刺史劉穆墓誌。

展,展也。

唐王和墓誌。

浅,淺也。

魏員外散騎侍郎元恩墓誌。

善、善、善,善也。

一漢張遷碑,二魏上黨王元天穆墓誌,三隋豆盧寔墓誌。

翦、翦,翦也。

一魏西門君碑頌,二齊李清為李希宗造象記。

巇,巇也。

北涼沮渠安周碑。

辯、辯、辯、辯也。

一隋李君譬造象，二隋阮景暉造象記，三唐郎官石柱記。

辨、辨、辨、辨也。

一魏傅姆王遺女墓誌，二魏鉅平縣侯元欽神銘，三齊宋買造象。

沔、沔也。

魏刁遵墓誌銘。

究、究、究、究、究、究也。

一漢韓勑碑陰，二魏刁遵墓誌銘，三魏賈史君碑，四齊李清為李希宗造象記，五隋石裏村造橋碑。

轉、轉也。

唐王訓墓誌銘。

卷、卷也。

魏杜文雅造象坿刻高王經。

篆、篆也。

周曹洛碑。

選、選、選也。

一魏范陽王元誨墓誌，二唐夏侯思泰墓誌。

兔、兔、免也。

一魏寇憑墓誌，二隋曹植碑。

寃、冤、冤、冤、寃、寃、寃、冤、冤、冤、冤、冤、冤、冤、冤也。

一魏司馬昇墓誌銘，二魏高貞碑，三魏呂望表，四魏任城文宣王太妃馮墓誌，五魏舞陰寇偘墓誌，六魏章武王妃盧墓誌，七魏青州刺史元遺墓誌，八齊劉碑造象記，九齊臨淮王象碑，十隋尉氏女富娘墓誌銘，十一隋宮人典綵朱氏墓誌，十二隋明雲騰墓誌，十三唐段志元碑，十四唐張懿墓誌。

十七篠

篠，篠也。

唐王素臣墓誌。

晈，皎也。

唐申恭墓誌。

曒，皦也。

魏舞陰寇偘墓誌。

暁、膮，曉也。

一漢楊君石門頌二隋鮑宮人墓誌。

窈，窈也。

魏廣陽王妃墓誌。

窕，窕也。

魏廣陽王妃墓誌。

肇、肈、肇、肈、肇、肈、肇、肇、肇、肇也。

一漢衡方碑，二魏李憲墓誌銘，三魏劉玉墓誌，四魏皇内司墓誌，

五魏舞陰寇偘墓誌，六魏陽平王太妃李氏墓誌，七隋造龍華碑，

八隋諸葛子恒造象記，九唐高仁敬設祭東岳題名。

兆、兆、兆、兆、兆也。

一魏高湛墓誌銘，二魏梁州刺史元演墓誌，三隋虎賁内郎將闞

明墓誌，四隋造龍華碑。

趙、趙、趙、趙也。

一齊静明造象，二魏王懷忠造象，三魏公孫猗墓誌。

旐、旐、旐也。

一魏太常少卿元悛墓誌，二魏廣川孝王元焕墓誌。

沼、沼也。

隋晉王祭酒車詵墓誌。

揁，擾也。

漢樊敏碑。

絽，紹也。

漢夏承碑。

穚，矯也。

齊李琮墓誌銘。

表、表、衷、表，表也。

一漢魯峻碑陰，二魏義橋石象碑，三魏西河王元悰墓誌。

十八巧

巧、巧，巧也。

一漢郙閣頌，二齊劉碑造象記。

卯、夘、卬、夘，卯也。

一魏王方畧造象記，二齊道興造象並治疾方，三齊法儀卅仁造象記，四唐姜行本碑。

狐，爪也。

魏張玄墓誌銘。

十九　皓

怉，抱也。

魏敬史君碑。

老，耄，耄，老也。

一魏孔宙碑，二魏王偃墓誌銘，三魏三級浮圖頌。

導，道，道也。

一隋楊居墓誌，二隋明雲騰墓誌。

腦，腦也。

偽周焦松墓誌。

惱，惱，惱，惱，惱，惱，惱也。

一魏廣川王祖母侯太妃造象，二齊道畧造象記，三隋首山舍利塔記，四隋詔立僧尼二寺碑，五唐常才造象記，六唐嵩山陀羅尼經幢。

瑙，瑙也。

齊襄城郡王高清墓誌。

搗，擣也。

齊道興造象記。

禱禱，禱也。

一唐景教流行中國碑，二唐晉祠銘。

澡，澡也。

隋郭達墓誌。

藻藻，藻也。

一魏涼州刺史元維墓誌，二魏司空王誦墓誌。

石三

耒、来、来、棗也。

一魏始平文貞公國太妃盧氏墓誌，二齊道興造象記，三隋王氏成公夫人墓誌。

孝，好也。

唐涼國長公主碑。

寳、寶、寶、寶、寶、寶、寶也。

一漢夏承碑，二魏范式碑，三魏孫寶憘造象記，四魏南安王楨墓誌，五齊道興造象記，六齊逢畧造象，七唐蔣王內人安太清造象。

保，保也。

齊房紹興造象。

緥，褓也。

魏汝陽王元賥墓誌。

二十哿

我，我也。

北涼沮渠安周碑。

那，郍，那也。

一魏皇甫驎墓誌銘，二齊董洪達造象。

左，左也。

齊諸葛始興造象。

菓，果，果也。

一齊宋買造象記，二唐蕭元眘造象。

璅，鏁也。

魏汝陽王元睟墓誌。

璅、瑣，瑣也。

一魏冀州刺史元子直墓誌，二魏汝陽王元睟墓誌。

墮，墮也。

唐劉漢潤妻楊氏墓誌。

禍、禍、禍，禍也。

一漢鄐閣頌，二唐昭仁寺碑，三唐張琮碑，四僞周劉君夫人郭寶墓誌。

二十一馬

馬，馬也。

周賀屯植墓誌。

野，野也。

隋阮景暉造象記。

雅、雅、雅，雅也。

一漢張遷碑陰，二魏鄭羲下碑，三魏杜文雅造象記。

假、假、假、假、假、假，假也。

一漢衡方碑，二漢史晨後碑，三魏鄭羲碑，四魏高湛墓誌，五魏張玄墓誌，六齊宋敬業造象記，七唐張興墓誌。

灑，灑也。

唐叱干公三教道場文。

夏，夏也。

魏七兵尚書寇治墓誌。

寫，寫，寫也。

一魏敬史君碑，二齊董洪達造象記。

社，社也。

魏司空穆泰墓誌。

把，把也。

唐張君政墓誌銘。

寡，寡，寡，寡，寡，寡，寡，寡，寡也。

一漢魯峻碑，二魏王僧墓誌銘，三魏司馬景和妻墓誌，四魏鄭義碑，五魏女尚書馮女郎墓誌，六魏吳郡王蕭正表墓誌，七隋太僕卿亍公墓誌銘，八唐楊公女子書墓誌銘。

瓦、凡，瓦也。

一魏三級浮圖頌，二齊道興造象記。

二十二養

眷、餋，養也。

一魏賈道貴造象記，二唐比丘惠略造象。

像、像、鑠、像、僑、像、豫、像，像也。

一魏李仲璇脩孔廟碑，二魏孫秋生造象記，三魏路文助造象記，四魏丘穆陵亮夫人造象，五隋李景崇造象，六隋□太妻夏樹造象，七北徐州劉道景造象記。

𧰼、鳥、臬，象也。

一魏高湛墓誌，二魏比丘道璸記，三隋阮景暉造象。

猴、獎也。

唐右監門中郎將高嶸墓誌。

㒳、㒳、兩、兩也。

一漢郙閣頌，二魏北海王元詳造象，三齊李清為李希宗父子造象記。

仰、仰、仰、仰、仰、仰、仰、仰、仰、仰、仰、仰、仰，仰也。

一宋爨龍顏碑，二魏三級浮圖頌，三魏張猛龍頌，四魏沙門僧璨造象，五魏龍驤將軍元引墓誌，六魏寇憑墓誌，七魏路文助造象記，八齊宋敬業造象記，九齊張龍伯造象記，十齊高叡為亡父造象，十一齊宋買造象，十二常岳等百人造象記，十三隋甯贊碑。

爽、爽、爽、爽、爽、爽、爽、爽，爽也。

一魏李仲琁脩孔廟碑，二魏根法師碑，三魏東安王太妃墓誌，四隋杜乾緒造象記，五隋尉富娘墓誌銘，六唐張後允碑，七唐段沙彌造象記，八唐程郘造橋碑。

響、響，響也。

一魏比丘道璸記，二魏員外散騎侍郎元恩墓誌。

亨，亨也。

唐左光禄大夫段瑗墓誌。

繼，繼也。

魏敬史君碑。

用、冈、肉、它，罔也。

一北涼沮渠安周碑，二魏魏靈藏造象記，三齊臨淮王象碑，四唐

柳尚善墓誌。

另，昉也。

漢西岳華山廟碑。

柱，柱也。

漢甘陵相□博殘碑。

注，往也。

魏趙郡王元毓墓誌。

盪，蕩也。

魏安康伯元均墓誌。

頪，類也。

魏程哲碑。

廣、廣、廣、廳，廣也。

一魏廣川王祖母太妃侯造象，二周曹恪碑，三齊董伏恩造象，四

後周廣順二年題字。

曩，曩也。

唐隨求陀羅尼經幢。

儻、儻，儻也。

一隋董美人墓誌銘，二偽周楊順墓誌。

撲、董、薫也。

一魏上黨王元天穆墓誌，二齊李琮墓誌銘。

懔、懍也。

晋爨寶子碑。

二十三梗

秉、秉、秉、秉、秉也。

一魏呂望表，二魏奚智墓誌，三齊高叡造寺碑，四隋孔河陽都尉

墓誌。

景、景也。

魏王方畧造須彌塔記。

永、永、永也。

一魏李僧保造象，二隋宮人典綵朱氏墓誌。

猛、猛，猛也。
一魏皇甫驎墓誌，二魏程哲碑。
耿，耿也。
魏東莞太守秦洪墓誌。
幸，幸也。
隋豆盧寔墓誌。
静，靜也。
魏汝南太守寇演墓誌。
慗、慗、慗、整、整，整也。
一魏樂安哀王元悅墓誌，二周時珎墓誌，三隋郭達墓誌，四唐柳尚善墓誌，五唐演公塔銘。
騁、騁，騁也。
一魏吳郡王蕭正表墓誌，二唐李文墓誌銘。

頖、頖、䪼、頡，頪也。
一魏東平王元畧墓誌，二齊元賢墓誌銘，三周時珎墓誌，四唐王
仲達墓誌。
頜、傾，頸也。
一魏汾州刺史元彬墓誌，二齊劉碑造象記。
嶺，嶺也。
齊高叡修寺碑。
頃，頃也。
周時珎墓誌。
二十四迴
嶺，頂也。
魏論經書詩。
鼎、鼎、鼎、鼎、鼎、鼎、鼎，鼎也。

一漢景君碑，二魏鄭羲下碑，三魏皇甫驎墓誌銘，四魏城陽王元鸞墓誌，五魏饒陽男元遥墓誌，六隋尉氏女墓誌銘，七、八隋造龍華碑。

挺、挺、梃、挺，挺也。

一魏恆州刺史元譿墓誌，二魏章武王妃盧墓誌，三、四隋造龍華碑。

並，並也。

隋仲思那造橋碑。

拯、拯、拯、拯，拯也。

一魏敬史君碑，二魏司空穆泰墓誌，三唐大達法師塔銘，四唐程郜造橋碑。

等、等、等、等，等也。

一魏杜文雅造象記，二魏王法現造象記，三齊張龍伯造象記，四

二十五

元龍興寺長明燈錢記。

二十五有

犮，友，也。

唐大達法師塔銘。

柳、栁、栁，柳也。

一齊道興治疾方，二唐鴻慶寺碑，三唐南和縣令張彥墓誌。

杉，杇，朽也。

一齊李清爲李希宗造象記，二隋造龍華碑。

韮，韭也。

齊道興造象記。

苩，首也。

齊邴赤齊造象記。

貟，負也。

常岳等造象記。

峊、𠂤、阜也。

一造交龍碑象記，二唐上儀同秦進儀墓誌。

缶、缶也。

魏廣陽王妃墓誌。

娚、舅也。

魏元氏趙夫人墓誌。

咎、咎也。

唐嗣曹王李戢墓誌。

牗、牗、牖也。

一魏三級浮圖頌，二隋張通妻陶貴墓誌銘。

受、受也。

隋甯贙碑。

壽、壽、壽、壽、壽、壽、壽、壽，壽也。

一梁陳寶齋造象記，二魏敬史君碑陰，三龍門高需壽造象題名，四周聖母寺造象，五隋仲思那造橋碑，六唐焦璀墓誌銘，七唐清河郡夫人張氏墓誌銘，八唐韋均造象。

舌，后也。

魏敬史君碑。

後、後、後、後，後也。

一齊董洪達造象，二隋造龍華碑，三隋龍山公墓誌。

毋，母也。

隋李君謍造象。

畆、畝、畒，畝也。

一魏中山王元熙墓誌，二唐八都壇神君實錄。

升、外、升、升，斗也。

一漢韓勑碑，二齊高叡修寺碑，三唐法琬法師塔銘，四唐張安生

墓誌。

狗，狗也。

齊道興造象記。

垢，垢也。

唐信法寺碑。

藕，藕也。

隋宮人蕭氏墓誌。

叩，叩也。

漢校官碑。

糺，糾也。

隋諸葛子恆造象。

厚，厚也。

漢孔宙碑陰。

二十六 寑

𡨭、寖、寑、㝲、寑、寖、寑、㝮、寑、寑、寑、𡨭、寑、寑也。

一漢衡方碑，二宋爨龍顏碑，三魏李超墓誌銘，四魏張玄誌銘，五魏李洪演造象記，六魏燉煌鎮將元倪墓誌，七魏正平太守元仙墓誌，八周段模墓誌，九隋太僕卿元公墓誌銘，十唐梁思亮墓誌，十一唐李從証墓誌，十二唐張歆墓誌。

懔、懍也。

唐于孝顯碑。

凛、凜也。

唐王君夫人李氏墓誌。

稟、稟、稟、稟、稟、稟、稟、稟、稟、稟、稟、稟、稟、稟、稟也。

一魏孝文帝弔比干文，二魏張玄墓誌銘，三魏鄭羲下碑，四魏司馬昇墓誌，五魏寇憑墓誌，六魏汾州刺史元彬墓誌，七魏趙郡王元毓墓誌，八魏元氏趙夫人墓誌，九周段摸墓誌，十隋張通妻陶氏墓誌，十一隋曹植碑，十二隋晉王祭酒車銑墓誌，十三唐張達妻李夫人墓誌，十四唐于孝顯碑，十五唐雷詢墓誌銘，十六唐王仲建墓誌銘，十七唐清河郡夫人張氏墓誌銘。

品，品也。

隋阮景暉造象。

二十七感

感，感，感也。

一魏惠感造象記，二魏高宗嬪耿氏墓誌。

懆，懆，慘也。

一隋賈珉墓誌，二隋明雲騰墓誌。

敢，敢也。

魏慈香造象記。

覽、攬、攬覽也。

一魏楊大眼造象記，二齊宗買造象記，三隋阮景暉造象。

膽，膽也。

周賀屯植墓誌。

二十八儉

儉，儉也。

魏小劍戍主元平墓誌。

撿，撿也。

元敉封英濟王石刻。

冄，冄，冉也。

一魏安康伯元均墓誌，二張玄弼墓誌。

染，染也。

隋明雲騰墓誌。

奄奄也。

魏東安王太妃墓誌。

掩掩也。

唐大智禪師碑。

儼、儼、儼、儼也。

一魏陸紹墓誌，二魏公孫猗墓誌，三隋主簿張濬墓誌。

二十九䥯

范范也。

齊李琮墓誌銘。

範、範、範也。

一魏涼州刺史元維墓誌，二唐王氏殤女墓誌。

卷三

碑别字卷四

上虞羅振玉輯

去聲

一送

逘、送也。

漢張遷碑。

鳳、鳳、鳳也。

一晉爨寶子碑，二魏馬鳴寺根法師碑。

卡、徘、抃、卉、拤、予、汞、弄也。

一魏孝文帝弔比干文，二魏西陽男高廣墓誌，三魏安康伯元均墓誌，四周岐山縣侯姜明墓誌，五周强獨樂為文帝造象記，六、七隋尉氏女墓誌銘。

哢、哢也。

唐明徵君碑。

洞，洞也。

唐游石室新記。

痛、瘜、瘜、瘜、痛，痛也。

一漢魯峻碑，二漢武榮碑，三魏魏靈藏造象記，四魏汶山侯吐谷渾璣墓誌，五魏武昌王妃吐谷渾氏墓誌，六魏鉅平縣侯元欽神銘。

夢、夢、夢，夢也。

一齊道畧造象記，二隋張通妻陶氏墓誌。

衆、衆、衆、衆、衆，衆也。

一魏皇甫驎墓誌銘，二魏奚智墓誌，三唐台州刺史陳皆墓誌，四唐褚書聖教序，五唐道德經殘幢。

二宋

綂,統也。
元敕封英濟王石刻。
用,用也。
唐周公祠碑。
共、共,共也。
一魏根法師碑,二齊劉碑造象記。
縱、縱,縱也。
一齊董洪達造象記,二偽周焦松墓誌。
恐,恐也。
唐樂達墓誌。
從,從也。
唐左光祿大夫段瑗墓誌。

三絳

綘，絳也。

魏公孫猗墓誌。

降、降、降、降，降也。

一魏高貞碑，二魏高湛墓誌，三常岳等造象記，四唐郭思訓墓誌銘。

四寘

寘，寘也。

魏恆州刺史韓震墓誌。

寄，寄也。

魏汶山侯吐谷渾璣墓誌。

剌、剌、剌、剌，刺也。

一魏司馬元興墓誌，二魏吴郡王蕭正表墓誌銘，三魏東平王元畧墓誌，四唐武騎尉張弘墓誌。

易易也。

漢校官碑。

義、義、義、義也。

一漢曹全碑，二魏杜照賢造象，三北徐州劉道景造象記。

始、掐、智也。

一魏比丘員光造象，二齊法懃禪師塔銘。

佡，企也。

隋諸葛子恆造象記。

矖，矖也。

唐奚虛己經幢。

恚，恚也。

魏陽平王太妃李氏墓誌。

遂、遂、遂也。

一漢武榮碑，二隋明雲騰墓誌。

迗、逿，邃也。

一齊諸葛始興造象，二隋北海縣令趙朗墓誌。

粋，粹也。

晉爨寶子碑。

類、類、類、類、類、類，類也。

一漢白石神君碑，二苻秦脩鄧太尉祠碑，三魏比丘員光造象，四魏王銀堂造象記，五魏杜文雅造象記，六魏李仲琁脩孔廟碑，七唐王頊夫人陳氏墓誌銘。

涙、淚、淚、淚、淚，淚也。

一魏三級浮圖頌，二魏陸紹墓誌，三隋仲思那造橋碑，四隋董美人墓誌，五唐楊智積墓誌。

祕，秘也。

魏司馬元興墓誌。

戀、戀、戀、戀、戀、戀、戀、戀、戀也。

一漢夏承碑，二北涼沮渠安周碑，三魏孝文帝弔比干文，四魏李超墓誌銘，五魏石門銘，六魏江陽王元乂墓誌，七隋元公墓誌銘，八唐于孝顯碑。

匱、遺、匱也。

一晉爨寶子碑，二唐潤州魏法師碑。

偹、俑、備、偹、俻、備、俻、備也。

一魏溫泉頌，二魏俊儀男元周安墓誌，三魏淮南王元顯墓誌，四隋尉氏女墓誌，五唐大泉寺三門記，六唐新使院石幢記，七唐武懷亮墓誌。

膩、膩也。

唐程邨造橋碑。

𦤺、𦤺、𦤺、𦤺，致也。

一漢西狹頌，二漢曹全碑，三魏杜文雅造象記，四魏安豐王妃馮

氏墓誌。

蹟，蹟也。

魏傅姆王遺女墓誌。

弃、棄、棄、毒、亲，棄也。

一漢景君碑，二魏孝文帝弔比干文，三齊高叡修寺碑，四唐李護

墓誌，五唐李表墓誌。

治，治也。

魏涼州刺史元維墓誌。

寐，寐也。

魏冀州刺史元子直墓誌。

冀、冀、冀、冀，冀也。

一魏曹真碑，二隋梁瓌墓誌，三唐王項夫人陳氏墓誌銘，四唐王仲建墓誌。

陌，洎也。

唐李表墓誌。

翚、翠、䓣、翠、䔞、翠、翚、翠，翠也。

一魏李仲琁修孔廟碑，二魏孝文帝弔比干文，三魏豫州刺史元珽墓誌，四隋主簿張濬墓誌，五周華岳頌，六唐晉祠銘，七唐鴻慶寺碑。

次、欱，次也。

一魏汝南太守寇演墓誌，二齊董洪達造象記。

懿、懿、懿、懿、懿、懿、懿、懿、懿，懿也。

一漢衡方碑，二漢夏承碑，三漢張遷表頌，四魏關勝誦德碑，五魏比丘洪寶造象銘，六魏太尉穆亮墓誌，七魏瀛州刺史元廞墓誌，八魏東平王元畧墓誌，九隋昌國惠公寇奉叔墓誌，十隋魏郡太守張軻墓誌。

囟，四也。

漢元初三公山碑。

肆，肆也。

隋諸葛子恆造象記。

器、器、器、器，器也。

一魏劉玉墓誌銘，二魏孝文帝弔比干文，三魏司馬景和妻墓誌，四隋甯贙碑。

臯，鼻也。

隋鄭夫人墓誌。

苹，華也。

魏貴華恭夫人墓誌銘。

地、地也。
魏曹真碑。
謚、謚、謚、謚、謚、謚也。
一漢衡方碑，二魏宜陽郡王元寶建墓誌，三齊襄城郡王高淯墓
誌，四隋昌國惠公寇奉叔墓誌，五唐元結墓表。
墜、墜、墜也。
一魏冀州刺史元昭墓誌，二隋羊本墓誌。
誌、誌也。
隋元英墓誌。
識、識、識也。
一魏東安王太妃墓誌，二隋呂胡墓誌。
值、值也。
隋嚴元貴墓誌。

嗣、嗣、嗣、嗣、嗣、嗣、嗣，嗣也。

一宋爨龍顏碑，二魏侯太妃造象記，三唐李繼墓誌，四唐于孝顯碑，五唐□文政墓誌，六唐王君夫人李氏墓誌，七唐張藥墓誌。

使、使，使也。

一魏陽平王太妃李氏墓誌，二隋宮人五品程氏墓誌。

颸，颸也。

唐武騎尉張弘墓誌。

異，異也。

周時珎墓誌。

置、置、置、置、置，置也。

一漢衡方碑，二魏溫泉頌，三魏張玄墓誌銘，四魏雲峯山題字，五魏比丘道璸記。

忌，忌也。

魏呂望碑。

悻,憘也。

魏龍門陃文憘造象題名。

悳,憙也。

隋護澤公寇遵考墓誌。

五未

謂,謂也。

齊宋買造象記。

魏、魏、魏、魏、魏也。

一魏慈香造象記,二魏元颺妻王夫人墓誌,三魏元氏趙夫人墓誌,四唐于孝顯碑。

諱、諱、諱、諱、諱,諱也。

一漢衡方碑,二漢武榮碑,三漢鄐閣頌,四晉爨寶子碑,五魏河間王元定墓誌。

既、既、既、既、既、既、既、既也。

一漢景君碑陰，二魏王誦妻元氏墓誌，三齊董洪達造象，四齊宋買造象，五齊西門豹祠堂碑，六周華岳頌，七宋檢校太保符昭愿墓誌。

毅、毅、毅、毅也。

一魏劉懿墓誌，二隋北海縣令趙朗墓誌，三唐張安生墓誌。

氣、氣、氣、氣、氣、氣、氣也。

一漢史晨後碑，二漢張遷碑，三魏王偃墓誌銘，四魏韓顯祖造象，五魏寇憑墓誌，六魏涼州刺史元維墓誌，七齊元賢墓誌銘。

六御

御、御、御、御、御、御、御也。

一宋爨龍顏碑，二魏宮內大監劉阿素墓誌，三魏恆州大中正于

景墓誌，四魏傅姆王遺女墓誌，五隋元松墓誌銘，六僞周焦松墓

誌。

駁，駁也。

魏孝文帝弔比干文。

攄，攄，攄也。

一魏西河王元悰墓誌，二齊法懃禪師塔誌。

庶，庶，庶，庶，庶，庶也。

一漢夏承碑，二北涼沮渠安周碑，三宋爨龍顏碑，四魏温泉頌，五

魏潁川太守元襲墓誌。

遽，遽也。

齊臨淮王象碑。

豫，豫，豫，豫，豫也。

一魏陽平王太妃李氏墓誌，二魏饒陽男元遥墓誌，三魏北海王

元詳墓誌，四隋梁瓌墓誌。

預，預也。

魏張神龍等百人造象。

礜，礜也。

隋曹植碑。

七遇

窩，窩也。

魏元始和墓誌。

樹、樹，樹也。

一齊劉碑造象記，二唐□長墓誌。

附，附也。

隋羊本墓誌。

祔，祔也。

魏元公夫人薛氏墓誌。

勾，句也。

魏金城郡主墓誌。

裕、衮、裕，裕也。

一隋易州易縣固安陵雲鄉民造象，二隋宮人陳氏墓誌，三唐石州刺史劉穆墓誌。

禱，孺也。

魏涼州刺史元維墓誌。

發、務，婺也。

一魏陽平王太妃李氏墓誌，二魏上黨王元天穆墓誌。

霧、霧，霧也。

一齊元賢墓誌銘，二唐康留買墓誌。

懽、懽，懽也。

一魏源磨耶壙誌，二唐左光祿大夫段瓘墓誌。

傳、傳、傳，傳也。

一魏孝文帝弔比干文，二魏廣陽王元湛墓誌，三齊靜明造象記。

屢、屢，屢也。

一隋仲思那造橋碑，二唐房寶子墓誌。

暮，暮也。

唐王慶墓誌。

渡、渡，渡也。

一魏杜文雅造象坿刻高王經，二隋仲思那造橋碑。

度、度、度，度也。

一魏三級浮圖頌，二魏皇甫驎墓誌，三唐新使院石幢記。

路、路、路、路，路也。

一漢楊君石門頌，二常岳等造象記，三齊董洪達造象，四隋張業墓誌。
姡、妒也。
周强獨樂造象。
蠧、蠹也。
魏冀州刺史元壽安墓誌。
菟、兔、勉、兎也。
一魏臨淮王元彧墓誌，二齊高叡造寺碑，三唐司馬興墓誌。
頋、頋、頋、頋、雇、顧也。
一漢樊敏碑，二魏孝文帝弔比干文，三齊靜明造象記，四造交龍碑象記，五唐鬱林觀碑，六唐諸葛府君夫人韓氏墓誌。
故、故也。
魏司馬昞墓誌。
固、固也。

唐王美暢夫人長孫氏墓誌銘。

寤、寤，寤寤也。

一魏根法師碑，二魏冀州刺史元子直墓誌，三魏汝陽王元睟墓誌銘。

晤，悟也。

唐劉庭訓墓誌。

護、護，護護，護也。

一魏鄭長猷造象記，二龍門比丘僧護造象題名，三魏寇憑墓誌，

四唐姚仲文經幢。

訴、訴，訴也。

一漢鄭固碑，二魏孝文帝弔比干文。

胙，胙也。

魏鄭羲下碑。

布、布、布也。

一漢校官碑，二齊宋買等造象記。

悳、恩、惡也。

一漢西狹頌，二漢景君碑。

怖、怖、怖也。

漢史晨奏銘。

苦、苦也。

隋冠軍司錄元鍾墓誌。

八霽

濟、濟、濟、濟、濟、濟也。

一魏鞠彥雲墓誌銘，二魏陽城洪懋等造象，三齊宋買造象，四周強獨樂造象，五隋仲思那造橋碑。

帝、帝、帝也。

一魏燕州刺史元颺墓誌，二齊宋敬業造象記。

涕，涕也。

隋上林署丞卞鑒墓誌。

苐，弟也。

魏歧法起造象記。

睇，睇也。

魏孝文帝弔比干文。

娣，娣也。

魏司馬景和妻墓誌銘。

律、椂，棣也。

一漢魯峻碑，二魏貴華恭夫人墓誌銘。

遆、遰、遆，遞也。

一魏孝文帝弔比干文，二齊臨淮王象碑，三隋元君墓誌銘。

逯、逯、逮、逮、逮，逮也。

一魏乞伏銳造象，二魏司馬景和妻墓誌，三唐大泉寺三門記，四唐劉玄豹夫人高氏墓誌，五唐王寬墓誌。

聟，壻也。

魏元珽妻穆夫人墓誌。

詒，詣也。

北涼沮渠安周碑。

繼、継、継、遡、継、継、継，繼也。

一漢曹全碑，二漢楊君石門頌，三魏中岳嵩陽寺碑，四魏比丘道寶記，五齊諸葛始興造象記，六隋阮景暉造象，七周檢校司徒蕭處仁墓誌。

葪，薊也。

魏司空王誦墓誌。

糸、系也。

唐王頊夫人陳氏墓誌銘。

契、契、栔、契、契也。

一魏孝文帝弔比干文，二齊韓永義造佛堪銘，三周段摸墓誌，四

唐劉夫人楊氏墓誌銘。

躋、躋也。

魏皇內司墓誌。

嬑、嬑、𢘿也。

一隋董美人墓誌銘，二唐高平郡公劉夫人楊氏墓誌銘。

閇、閉、閇、閉也。

一漢張遷碑，二魏王僧墓誌銘，三魏石門銘。

恵、惠也。

僞周邢彦寰墓誌。

麗、麗、麗、麗也。

一漢張遷碑，二魏孝文帝弔比干文，三唐法澄法師塔誌。

戾、戾也。

唐究公頌。

隸、隸、隸、隸、隸、隸、隸也。

一漢楊淮碑，二漢魯峻碑，三魏義橋石象碑，四魏傅姆王遺女墓誌，五魏寇憑墓誌，六唐大達法師塔銘。

儷、儷也。

隋常景墓誌。

祭、祭也。

魏鄭義下碑。

傺、傺、際也。

一漢張遷碑，二魏閻勝誦德碑。

歲、歲、歲、歲、歲、歲、歲、歲、歲、歲也。

一漢曹全碑，二漢張遷碑，三漢郙閣頌，四晉爨寶子碑，五北涼沮渠安周碑，六魏正平太守元仙墓誌，七齊道畧造象記，八隋張暉造象記，九隋甯贊碑。

衛、衛、衛、衛、衛也。

一漢西狹頌，二漢景君碑，三齊李清為李希宗造象記，四趙傳等造象題名。

叡、叡、叡、叡、叡、叡、叡也。

一魏汝南太守寇演墓誌，二魏司馬景和妻墓誌，三齊劉碑造象，四、五隋造龍華碑，六唐隆闡禪師碑。

敝、敝也。

漢史晨奏銘。

葬、葬、葬、葬、葬、蔽也。

一魏司空王誦墓誌，二魏廣陽王妃墓誌，三齊李清爲李希宗造象記，四齊雋敬碑，五僞周楊順墓誌。

制，制也。

魏寇憑墓誌。

製，製也。

魏鄎縣男唐耀墓誌。

逝，逝也。

隋明雲騰墓誌。

噬，噬也。

唐張玄弼墓誌。

筮、筮、筮，筮也。

一隋李則墓誌銘，二隋阮景暉造象，三唐張君夫人樊氏墓誌。

电、曳、申，曳也。

十四

一魏孝文帝弔比干文，二隋董美人墓誌銘，三隋皇甫誕碑。

褱、褱、褱、裔、褱、裔、裔、褱、褱、裔，裔也。

一宋爨龍顏碑，二魏孝文帝弔比干文，三魏張玄墓誌銘，四魏呂望表，五魏汝南太守寇演墓誌，六魏陸紹墓誌，七隋王氏成公夫人墓誌，八隋上林署丞卞鑒墓誌，九隋宮人姜墓誌，十唐王徵君臨終口授銘。

瘞、瘱、瘞，瘞也。

一瘞鶴銘，二隋董美人墓誌銘，三唐張君政墓誌銘。

蓺、埶、藝、藝、藝、藝、藝，藝也。

一魏元始和墓誌，二魏冀州刺史元珎墓誌，三魏汶山侯吐谷渾璣墓誌，四魏內司楊氏墓誌，五魏潁川太守元襲墓誌，六齊劉碑造象記，七隋甯贊碑。

滯、遰、滞，滞也。

一漢衡方碑，二漢楊君石門頌，三唐大智禪師碑。

癘，厲，䲡，厲，厲，厲也。

一漢衡方碑，二漢尹宙碑，三漢校官碑，四魏李謀墓誌，五魏宮一

品張安姬墓誌。

礪，礪也。

魏高貞碑。

憩，總也。

唐成君吳夫人墓誌。

㔟，㔟，勢，勢也。

一魏劉玉墓誌，二齊宋買造象記，三齊諸葛始興造象記。

九泰

泰，泰也。

魏杜照賢造象。

盖、盖、𢅫、盖、蓋、蓋也。

一魏華山王元鷙墓誌，二魏任城文宣王太妃馮墓誌，三魏王偃墓誌，四齊李清爲李希宗造象，五隋諸葛子恆造象記。

艾、艾也。

唐程却造橋碑。

害、害也。

漢武榮碑。

帶、帶、帶、帶、帶也。

一漢孔彪碑，二漢張遷碑，三魏孝文帝弔比干文，四魏女尚書王僧男墓誌。

會、會也。

齊陃赤齊造象記。

冣、最也。

唐李良墓誌。
𨢎,𨢎也。
隋賈珉墓誌。
夘、夘,外也。
一漢魯峻碑,二齊董洪達造象。
袆、袆,袆也。
一魏饒陽男元遥墓誌,二魏鉅平縣侯元欽神銘。
頛、頛,賴也。
一漢孔宙碑,二唐尚書司勳郎中吉渾墓誌。
十卦
卦、卦,挂也。
一隋龍華碑,二隋劉相墓誌。
懈,懈也。

北涼沮渠安周碑。

泒，派也。

魏江陽王元乂墓誌。

戎、戕，戒也。

一漢置孔廟百石卒史碑，二魏杜文雅造象後坿刻高王經。

堺、塁、畧、累，界也。

一魏張神龍等百人造象，二隋造龍華碑，三隋□太妻夏樹造象，四隋内承奉劉則墓誌。

蕐、蘳、鏵、蓥、𨿽、蕥、𨾴，蕥也。

一隋□世琛墓誌，二唐上谷侯夫人墓誌，三唐南和縣令張彦墓誌，四唐王元崇墓誌，五唐鄭玄果墓誌銘，六唐許洛仁妻宋氏墓誌，七唐樊興碑。

拜、𢪔、拜，拜也。

一漢張遷碑，二魏皇甫驎墓誌銘，三齊天保七年造無量壽佛記。

邁，邁也。

魏趙郡王元毓墓誌。

敗，敗也。

齊高叡修寺碑。

十一隊

佩，佩也。

魏敬史君碑。

悖，悖也。

魏東平王元畧墓誌。

對，對，對，對，對，對也。

一漢張遷碑，二魏中岳嵩陽寺碑，三齊劉碑造象，四唐曲阜縣文宣王廟記，五唐不空禪師碑，六唐程𨟖造橋碑，七唐宗聖觀碑。

退,退也。

漢夏承碑。

革,革也。

魏司馬昇墓誌。

伐,代也。

齊法懃禪師塔銘。

俍、岱,岱也。

一魏七兵尚書寇治墓誌,二唐于孝顯碑。

再、再,再也。

一齊李清為李希宗父子造象記,二唐曲阜縣文宣王廟記。

炎、㤅、愛,愛也。

一魏樂安王元緒墓誌,二魏寇憑墓誌,三齊劉碑造象。

賕、賴,賚也。

一魏皇甫驎墓誌銘，二周撿挍司徒蕭處仁墓誌。

刈，刈也。

唐鄭子尚墓誌。

十二震

震，震也。

唐亲嵜墓誌。

振，振也。

唐魏邈妻趙氏墓誌。

信，信也。

魏張猛龍碑。

悋，悋也。

齊雋敬碑。

慗、想、憗，慭也。

一魏青州刺史元逌墓誌，二魏金城郡主墓誌，三唐宋璟碑。

晉、晉，晉也。

一隋主簿張濬墓誌，二唐不空碑。

榗，搢也。

唐大智禪師碑。

豊、豐，豐也。

一魏孝文帝弔比干文，二唐張懿墓誌。

鎮、瑱、鎮，鎮也。

一魏廣陽王元湛墓誌，二齊石永興造象記，三周段摸墓誌。

印、卽，印也。

一唐新使院石幢記，二唐張君政墓誌銘。

峻、峻、峻、峻、峻，峻也。

一魏恆州大中正于景墓誌，二魏臨淮王元彧墓誌，三魏司馬昇墓誌，四隋龍華碑，五唐左光祿大夫段瑗墓誌。

濬、濬，濬也。

一唐武騎尉張弘墓誌，二唐劉玄豹夫人高氏墓誌。

淩，浚也。

魏李謀墓誌。

儁，儁也。

魏寇憑墓誌。

俊，俊也。

隋元公墓誌銘。

駿，駿也。

宋錢忠懿王墓誌。

舜、舜，舜也。

一偽周田志承墓誌，二南唐謙公安公搆造殘碑。

閫、閫、閫也。

一隋杜乾緒造象記，二元龍興寺長明燈錢記。

潤、潤、潤也。

一魏朱永隆造象記，二唐柳尚善墓誌。

傾、順也。

周聖母寺四面象碑。

十三問

耋、耋、糞也。

一齊道興造象記，二隋諸葛子恆造象記。

奮、奮、舊、奮、奮、奮、奮、奮、奮也。

一魏范式碑，二魏上尊號表，三魏中山王元熙墓誌，四魏呂望表，五、六齊高叡修寺碑，七隋諸葛子恆造象記，八唐楊智積墓誌。

十四願

頟、額、頭、顛、顛、頔、頔、額、頟、顛、願也。

一漢史晨後碑，二漢夏承碑，三魏魏靈藏造象記，四魏王法現造象，五齊雋敬碑，六齊張伯龍造象，七齊高叡修寺碑，八齊比丘慧承造象，九齊張伯龍造象記，十唐東莞臧洪幹等造佛堂記。

怨、怨也。

隋董美人墓誌銘。

劵、券也。

南漢馬氏二十四娘買地券。

勸、勸、勸也。

一齊董洪達造象，二隋常景墓誌。

萬、萬也。

晉中書侍郎荀岳墓誌。

蔓、蔓也。

漢校官碑。

尋、尋、尋，曼也。

一漢孔彪碑，二漢曹全碑陰，三隋豆盧寔墓誌。

粄，飯也。

魏嵩高靈廟碑。

逮，建也。

漢景君碑。

獻、獻、獻，獻也。

一魏鄭道昭論經書詩，二齊董洪達造象，三隋正議大夫甯贙碑。

憲、憲、憲、憲，憲也。

一漢夏承碑，二魏顯祖嬪侯夫人墓誌，三魏陸紹墓誌，四隋宋永貴墓誌。

頪、頓，頡也。

一魏太尉穆亮墓誌，二元龍興寺長明燈錢記。

遒，遒也。

齊高叡修寺碑。

恨，恨也。

魏李洪演造象。

十五翰

翰，翰，翰，翰，翰，翰，翰也。

一魏張玄墓誌銘，二魏高湛墓誌銘，三魏三級浮圖頌，四魏冀州刺史元珍墓誌，五齊元賢墓誌銘，六隋甯贊碑，七唐游擊將軍康磨伽墓誌。

瀚，瀚也。

魏溫泉頌。

歎，歎也。

魏皇甫驎墓誌銘。

晏，晏也。

魏燕州刺史元颺墓誌。

且，旦也。

魏任城文宣王太妃馮墓誌。

幹、榦、𣏌、𠦝、幹、斡、𠦝，幹也。

一漢武榮碑，二魏高貞碑，三魏李洪演造象，四魏女尚書馮女郎墓誌，五魏高湛墓誌銘，六隋元公墓誌銘，七唐諸葛府君夫人韓氏墓誌。

岸、岸、岸、岸、岸、岸、岸、岸、岸也。

一魏石門銘，二魏比丘道瓚記，三魏燕州刺史元颺墓誌，四齊劉碑造象記，五齊靜明造象，六齊襄城郡王高清墓誌，七隋李君誓造象，八唐宴石淙詩。

瀵、渼、漢、渶、灢、漢也。

一漢曹全碑陰，二魏東莞太守秦洪墓誌，三隋宮人五品程氏墓誌，四唐康留買墓誌，五唐宗聖觀碑。

粲、粲、粲也。

一周聖母寺四面象碑，二唐王仲建墓誌。

散、散、𢿍、㪔、𢿳、散、散也。

一漢郙閣頌，二魏皇甫驎墓誌銘，三魏司馬紹墓誌，四魏公孫猗墓誌，五魏章武王妃盧墓誌，六周强獨樂造象，七隋田光山夫人李氏墓誌。

賛、賛也。

魏齊郡王妃常氏墓誌。

换、换也。

魏廣平王元悌墓誌。

惋，惋也。

魏元氏趙夫人墓誌。

權，爟也。

魏冀州刺史元子直墓誌。

爨、爨、爨、爨，爨也。

一晉爨寶子碑，二宋爨龍顏碑，三魏温泉頌，四唐爨君墓誌。

翫，玩也。

隋劉相墓誌。

亂、乱、亂、乱、亂、乿、亂，亂也。

一漢曹全碑，二魏鄭義碑，三魏梁州刺史元演墓誌，四周强獨樂爲文帝造象記，五隋龍山公墓誌，六唐程村造橋碑，七唐劉庭訓墓誌。

叚、叚、叚，段也。

一齊在孫寺造象記，二隋龍山公墓誌銘，三周段摸墓誌。

斷、逝、逝、斷、斷、斷、斷、逝、斷、斷、斷，斷也。

一漢楊君石門銘，二北涼沮渠安周碑，三魏關勝誦德碑，四魏汶山侯吐谷渾璣墓誌，五魏廣陽王元湛墓誌，六常岳造象記，七隋豆盧寔墓誌，八隋仲思那造橋碑，九唐信法寺碑，十唐圭峯法師碑。

曉、煥、爔、煥、燡，焕也。

一齊靜明造象，二隋張景略銘，三常岳等造象記，四唐兗公頌，五唐大泉寺三門記。

奐、奐，奐也。

梁上清真人舊館壇碑。

渙、渙，渙也。

一北徐州劉道景造象記，二隋右翊衛大將軍張壽墓誌。

筭、笇、筭，算也。

一魏小劍戍主元平墓誌，二齊李清爲李希宗父子造象記，三隋

昌國惠公寇奉叔墓誌。

十六諫

瘟、鴈，雁也。

一漢衡方碑，二魏三級浮圖頌。

寍，宧也。

隋虎賁内郎將關明墓誌。

廿、卄、𠦃，廿也。

一魏淮南王元顯墓誌，二隋魏郡太守張軻墓誌。

眄、肹，盼也。

一齊董洪達造象，二隋王氏成公夫人墓誌。

十七霰

縣、縣、叙、縣，縣也。

一魏司馬昇墓誌，二魏寇憑墓誌，三齊石永興造象記，四唐頓丘李公夫人劉氏墓誌。

萛，莫也。

隋新鄭縣令蕭瑾墓誌。

宴，宴也。

齊軌禪師造象記。

昞，昞也。

魏趙郡王元毓墓誌。

鷰，燕也。

隋諸葛子恆造象記。

鳫、鷹，鷹也。

一魏臨淮王元彧墓誌，二齊李清為李希宗父子造象。

戰，戰也。

漢曹全碑。

禮，禮，禮也。

一魏涼州刺史元維墓誌，二隋六品御女唐氏墓誌。

庬，彦也。

魏程哲碑。

遣，遣也。

隋新鄭縣令蕭瑾墓誌。

媛，媛也。

隋鮑宫人墓誌。

面，面，面也。

一齊比丘尼如静造象，二隋虎賁内郎將關明墓誌。

掾，掾也。

魏青州刺史元遒墓誌。

箭、箭也。

魏涼州刺史元維墓誌。

堰、堰也。

魏元珽妻穆夫人墓誌。

眷、眷、眷也。

一齊宋買造象記，二齊韓叔子造象。

𠔁、卷也。

魏女尚書馮女郎墓誌。

変、変、變、變也。

一漢史晨奏銘，二齊宋買造象記，三唐劉夫人楊氏墓誌銘，四唐

留買墓誌。

汴、汴也。

唐王君妻梁氏墓誌。

賤、賤也。

魏皇甫驎墓誌銘。

衍、衎、衍、衍也。

一、二魏汝陽王元睟墓誌，三隋主簿張濬墓誌。

遍、遍、遍、徧也。

一齊高濬修寺碑，二隋阮景暉造象，三隋首山舍利塔記。

十八嘯

眺、眺、眺也。

一魏李仲琁脩孔廟碑，二齊静明造象記。

弔、弔也。

唐石州刺史劉穆墓誌。

竅、竅、竅也。

一魏孝文帝弔比干文，二唐宗聖觀碑。
炤、照、㷆、照、照也。
一魏比丘道瓊記，二魏豫州刺史元珽墓誌，三齊雋敬碑，四唐王
留墓誌銘。
耀、燿也。
唐燕懷王造象。
㢘、療也。
隋內承奉劉則墓誌。
庿、廟也。
隋孔河陽都尉墓誌。
驃、驃也。
魏楊顯叔造象記。
咲、咲、笑也。

二十六

一魏寇憑墓誌，二魏員外散騎侍郎元恩墓誌。

十九 效

敎、斆、敎、敎也。

一漢鄭固碑，二魏三級浮圖頌，三齊唐邕寫經碑。

豹、狗、狗、犳，豹也。

一漢魯峻碑，二魏郃縣男唐耀墓誌，三齊諸葛始興等造象記，四唐李子如墓誌。

皀、貇、貇、狠、皀、狛，貌也。

一梁蕭憺碑，二魏呂望表，三魏陽城洪懋等造象，四魏王偃墓誌，五魏饒陽男元遥墓誌，六隋明雲騰墓誌。

二十 號

豨、号、号、虢，號也。

一魏女尚書馮女郎墓誌，二魏七兵尚書寇治墓誌，三、四魏司空穆泰墓誌，五唐房寶子墓誌。

導、導、導、導、導，導也。

一漢衡方碑，二魏楊大眼造象記，三魏孝文帝弔比干文，四隋首山舍利塔記，五隋阮景暉造記。

蹈，蹈也。

魏東豫州刺史元顯魏墓誌。

悼，悼也。

魏魏靈藏造象。

到，到也。

唐王君妻梁氏墓誌。

徹，徹也。

唐康留買墓誌。

暴、暴、暴、暴，暴也。

一漢西狹頌，二漢曹全碑，三魏關勝誦德碑，四魏東平王元畧墓誌。

報、報、報、報、報，報也。

一漢曹全碑，二漢白石神君碑，三北涼沮渠安周碑，四齊李清爲李希宗造象記，五唐鄭恕己墓誌。

奠、奠、奧、奧、奧，奧也。

一漢甘陵相□博殘碑，二魏𡧡兵尚書寇治墓誌，三齊宗買造象，四唐高平郡公劉夫人墓誌銘。

犒，犒也。

唐無憂王寺寶塔銘。

二十一箇

惰，惰也。

周岐山縣侯姜明墓誌。

二十二禡

駡，駕也。

北徐州劉道景造象碑陰。

假、假、假，假也。

一魏潁川太守元襲墓誌，二魏汝南太守寇演墓誌，三魏恒農太

守寇臻墓誌。

亞，亞也。

魏劉玉墓誌銘。

榭，榭也。

隋宮人何氏墓誌。

暇，暇也。

周華岳頌。

夜、夜，夜也。

一北涼沮渠安周碑，二苻秦修鄧太尉祠碑，三隋楊秀墓誌。

霸、覇，霸也。

一漢魯峻碑，二魏孝文帝弔比干文。

化，化也。

魏三級浮圖頌。

跨，跨也。

唐九成宮醴泉銘。

二十三漾

亮、湸，亮也。

一宋元嘉廿五年□熊造象，二魏孝文帝弔比干文。

量，量也。

隋嚴元貴墓誌。

𤝊、妝、牀、㳯，狀也。

一魏陽平王太妃李氏墓誌，二齊宋買造象記，三齊臨淮王象碑，四常岳等造象記。

讓、讓、讓也。一魏杜文雅造象記，二隋宮人五品程氏墓誌。

巻、卷也。魏青州刺史元暐墓誌。

近、匠也。宋爨龍顏碑。

瘴、瘴也。唐劉庭訓墓誌。

壯、壯也。隋張貴男墓誌銘。

妄、妄也。

齊宋買造象記。

𨗈、望、朢、望、𦣠，望也。

一魏東安王太妃墓誌，二齊劉碑造象，三齊董洪達造象，四隋李則墓誌銘，五隋主簿張濬墓誌。

眜，相也。

唐工部尚書崔泰之墓誌。

𡋯、塟、𡋯、𦋐、𡐠、葬、𦵯、𦳊，葬也。

一漢衡方碑，二魏司馬景和妻墓誌銘，三魏元公夫人薛氏墓誌，四隋羊君墓誌，五隋蕭汎墓誌，六隋鮑宮人墓誌，七隋元公墓誌銘，八唐段會妻呂氏墓誌。

伉，伉也。

魏元公夫人薛氏墓誌。

亢，亢也。

齊李琮墓誌銘。

盪，盪也。

魏張猛龍碑。

二十四敬

敬，敬也。

齊雋敬碑。

竟、竟、竟也。

一魏慈香造象記，二唐大智禪師碑。

競、競、競也。

一魏鄭羲碑，二魏根法師碑。

暎、映、映也。

一魏張玄墓誌銘，二隋尉氏女墓誌銘。

慶、慶、慶、慶、慶、慶、慶、慶也。

一漢韓勑碑，二隋諸葛子恆造象記，三唐張元弼墓誌銘，四唐張慶之墓誌銘，五唐梁師亮墓誌銘，六唐李君佛龕碑，七唐宇文琬墓誌。

命、命，命也。

一晉呂望表，二周聖母寺造象記。

盃盃、盃、盃、盃，盃也。

一漢景君碑陰，二魏司馬景和妻墓誌，三齊劉碑造象記，四齊孟阿妃造象，五齊道興造象記。

柄，柄也。

唐工部尚書崔泰之墓誌。

詠，詠也。

魏汶山侯吐谷渾璣墓誌。

政，政也。

隋騰王子揚厲墓誌。
匸，正也。
魏義橋石象碑。
聖、聖、聖也。
一魏顯祖嬪侯夫人墓誌，二齊李清為李希宗造象記。
鄭、鄭、鄭、鄭也。
一魏鄭長猷造象記，二隋豆盧寔墓誌，三隋新鄭縣令蕭瑾墓誌，
四唐申恭墓誌。
聘、騁、聃、聘也。
一漢史晨奏銘，二魏呂望表，三唐河內張夫人墓誌銘。
娉、娉、娉也。
一魏陽平王太妃李氏墓誌，二周聖母寺造象記。
夐、夐、夐也。

一隋嚴元貴墓誌，二唐段會妻呂氏墓誌。
戚、戚、戚、戚也。
一魏嵩岳靈廟碑，二魏關勝誦德碑，三魏程哲碑，四唐尉遲汾狀
嵩高靈勝詩。
二十五徑
俓、侄、侄、俓、徑也。
一齊高叡修寺碑，二齊李清爲李希宗父子造象，三唐于孝顯碑，
四唐張君政墓誌銘。
匼、遝也。
唐趙知愼墓誌。
倭、倭也。
魏吳郡王蕭正表墓誌銘。
㝎、定、定也。

一漢張遷碑，二隋張通妻陶氏墓誌。

磬，罄也。

唐鄭恕已墓誌。

聽、聽、聽也。

一漢孔宙碑，二隋劉相墓誌。

孕、孕、孕也。

一齊臨淮王象碑，二唐夫人竹氏墓誌。

應、應、應、應、應、應也。

一魏杜文雅造象記，二魏皇甫驎墓誌，三魏比丘道瓚記，四魏劉根等造象，五魏胡昭儀墓誌。

滕、滕、勝也。

一漢張遷碑，二常岳造象記。

二十六宥

祐，祐也。
唐左光祿大夫段璲墓誌。
救、救，救也。
一魏汶山侯吐谷渾璣墓誌，二隋董美人墓誌。
究，究也。
漢樊敏碑。
胄、胄、胄、胄，胄也。
一魏皇甫驎墓誌銘，二魏呂望表，三魏女尚書王僧男墓誌，四唐
鄭玄果墓誌銘。
甾，甾也。
齊李清為李希宗造象記。
籀，籀也。
魏樂安王妃馮氏墓誌。

畫，畫也。
唐魏邈妻趙氏墓誌。
歔、歔、鄗、猷、獻、戲、戟、戥，獻也。
一漢三公山碑，二、三漢武氏石室祥瑞圖題字，四漢桐柏廟碑，五
魏韓顯祖造象，六隋密長盛造橋碑，七唐游石室新記，八唐劉庭
訓墓誌。
岫，岫也。
唐左光祿大夫段瓊墓誌。
袖，袖也。
魏司空穆泰墓誌。
呪，呪也。
魏杜文雅造象坿刻高王經。
舊、舊、舊、舊、舊，舊也。

一漢白石神君碑，二漢曹全碑，三漢張遷碑，四魏高貞碑，五魏石門銘。

抠、抠、抠、抠，抠也。

一隋呂胡墓誌，二唐司戶桓銳墓誌，三唐張通墓誌，四唐宋璋墓誌。

廋，瘦也。

魏正平太守元仙墓誌。

副，副也。

唐大盧舍那象龕記。

富、冨、冨，富也。

一漢尹宙碑，二苻秦修鄧太尉祠碑，三隋阮景暉造象記。

繡、繡、繡，繡也。

一魏內司楊氏墓誌，二隋主簿張濬墓誌，三隋騰王子楊厲墓誌。

就、就、就、就、就、就、就，就也。
一漢衡方碑，二北涼沮渠安周碑，三漢魯峻碑，四齊張龍伯造象，五隋騰王子楊厲墓誌，六唐左光祿大夫段瑗墓誌，七唐台州刺史陳皆墓誌。

授、授也。
隋内承奉劉則墓誌。

壽、壽、壽，壽也。
一隋梁瓌墓誌，二隋宮人司寶陳氏墓誌，三唐東陽縣令桑貞墓誌。

适，逅也。
唐張文琮造象銘。

後、後，後也。
一隋豆盧寔墓誌，二唐涇陽縣令梁秀墓誌。

冦、寇、冦、寇，冦也。

一魏杜照賢造象，二魏李謀墓誌，三齊靜明造象，四齊高叡為亡姊造象。

柘，扣也。

唐蕭貞亮墓誌。

茂、茂，茂也。

一齊李清為李希宗造象記，二齊靜明造象。

戈、戎、代、戊，戊也。

一魏闞杜僧惠朗造象記，二魏李文遷造象，三隋鄧州舍利塔下銘。

襄，衰也。

唐大泉寺三門記。

懋、懋、懋，懋也。

一魏穆亮妻尉太妃墓誌，二魏顯祖嬪侯夫人墓誌，三唐于孝顯碑。

奏，奏也。

魏樂安王妃馮氏墓誌。

遘、遘、遘，遘也。

一魏魏靈藏造象記，二齊元賢墓誌銘，三唐武懷亮墓誌。

搆，搆也。

唐多寶塔銘。

陋，陋也。

唐老君石象碑。

鏤、鏤，鏤也。

一齊宗買造象記，二齊姜纂造象。

紡，幼也。

唐焦璀墓誌銘。

二十七　沁

浸、浸浸也。

一隋豆盧寔墓誌，二唐樂達墓誌。

祲、祲也。

魏豫州刺史元珽墓誌。

禁、禁也。

魏司馬元興墓誌。

蔭、蔭、蔭、蔭也。

一魏路僧妙造象，二齊雋敬碑，三常岳等造象記。

二十八　勘

憾、憾也。

隋騰王子楊厲墓誌。

澹、澹也。

　唐邢政墓誌。

蹔、蹔也。

　魏寇憑墓誌。

二十九豔

焔、焰也。

　唐闞英墓誌。

贍、贍、贍、贍也。

　一周曹恪碑，二隋張業墓誌，三唐張維岳碑。

厭、厭、厭也。

　一魏皇甫驎墓誌，二唐等慈寺碑。

窆、窆、窆也。

　一魏恒州刺史元譿墓誌，二唐王留墓誌銘。

驗，驗也。

魏范陽王元誨墓誌。

念，念也。

漢鄐閣頌。

蟄，蟄也。

魏鉅平縣侯元欽神銘。

三十瑠

鑒，鑒也。

魏沙門僧璨造象。

㦰，㦰也。

魏楊大眼造象記。

汎，汎也。

隋蕭汎墓誌。

斂、劔，劍也。

一魏鬫勝誦德碑；二魏小劍戍主元平墓誌。

卷四

碑別字卷五

上虞羅振玉鑒輯

入聲

一屋

獨、𤡬、獨、獨、獨，獨也。

一魏梁州刺史元演墓誌，二魏寇憑墓誌，三魏穆亮妻尉太妃墓誌，四魏元公夫人薛氏墓誌。

㯝、𣙜、㪚、𣪊、𣪊、𣪊，穀也。

一魏高貞碑，二魏恆州大中正于景墓誌，三魏司空王誦墓誌，四齊張龍伯造象，五齊郭京周等造象。

𣪊、𣪊，穀也。

魏華山王元鷙墓誌。

㕣、谷，谷也。

漢曹全碑。

酙、酙，斛也。

一齊宗顯伯造象，二隋造龍華碑。

哭、笑、尖、尖，哭也。

一魏冀州刺史元昭墓誌，二隋嚴元貴墓誌，三唐張琮碑，四唐顏

惟貞家廟碑。

喙，喙也。

魏中岳嵩陽寺碑。

禄、禄，禄也。

一漢孔謙碣，二唐王美暢夫人墓誌銘。

族、族、族、族、族、族、族、族，族也。

一魏司馬景和妻墓誌銘，二魏張猛龍碑，三魏梁州刺史元演墓

誌，四魏元颺妻王夫人墓誌，五齊劉碑造象，六隋造龍華碑，七隋

宋永貴墓誌，八唐令狐氏墓誌，九宋勸慎刑文。

僕、僕、僕、僕、僕也。

一魏奚智墓誌，二魏司空王誦墓誌，三周强獨樂為文帝造象記，四周岐山縣侯姜明墓誌。

福、福、福、福、福、福、福也。

一漢韓勅碑，二漢曹全碑，三魏慈香造象記，四齊天保七年造象記，五齊莊嚴寺造象記，六隋杜乾緒造象。

腹、腹、腹也。

一齊唐邕寫經碑，二周華岳頌。

複、複也。

魏恆州刺史元讜墓誌。

伏、伏也。

漢白石神君碑。

椱、復、𡖋、湏、𢕄、復也。

一漢曹全碑，二漢史晨奏銘，三魏嵩岳靈廟碑，四魏太中大夫元

珩墓誌，五隋羊本墓誌，六隋豆盧通造彌勒象記。

𩢲，服也。

魏恆州大中正于景墓誌。

馥、馥、馥也。

一魏宮內大監劉阿素墓誌，二隋主簿張濬墓誌。

鵃，鵰也。

唐王元崇墓誌。

匋，萄也。

齊高叡修寺碑。

陸、陸、陸，陸也。

一魏魏靈藏造象記，二魏彭城武宣王妃李氏墓誌，三魏東安王

太妃墓誌。

遂、逐，逐也。

一齊李琮墓誌銘，二隋明雲騰墓誌。

蘗、蘗，菊也。

一魏孝文帝弔比干文，二魏洛州刺史元廣墓誌。

悚，掬也。

齊李清為李希宗造象記。

㲹，麴也。

魏城陽康王元壽妃墓誌。

婌，淑也。

魏安定王第二子給事君夫人王氏墓誌。

塺，塾也。

魏汝陽王元睟墓誌銘。

宍，肉也。

唐齊士貞造象記。

徸，𢕟也。

魏汾州刺史元彬墓誌。

笶，倏也。

周趙智侃墓誌銘。

薬，築也。

魏嵩陽寺碑。

霞，霞也。

一魏李超墓誌，二齊宗敬業造象記。

或，或也。

魏彭城武宣王妃李氏墓誌。

肅、肅、肅、肅、肅、肅，肅也。

一魏汝陽王元賥墓誌銘，二魏恆州大中正于景墓誌，三隋梁瓌墓誌，四唐台州刺史陳皆墓誌，五唐景教碑，六唐段沙彌造象，七雲居寺碑。

夙，夙也。

齊劉碑造象。

宿，宿也。

魏女尚書王僧男墓誌。

穆、穆、穆、穆、穆、穆、穆、穆、穆也。

一漢張遷碑，二晉爨寶子碑，三魏牛橛造象記，四魏梁州刺史元演墓誌，五魏北海王妃李氏墓誌，六魏汝南太守寇演墓誌，七魏東平王元略墓誌，八周曹恪碑，九隋元君墓誌銘，十隋昌國惠公寇奉叔墓誌。

牧、牧，牧也。

石一

一魏趙郡王元毓墓誌，二隋嚴元貴墓誌。

二沃

蔦，萬，篤也。

一周曹恪碑，二隋尉氏女墓誌銘。

督，督也。

一隋上林署丞卞鑒墓誌。

屬、屬、屬，屬、屬，屬也。

一漢曹全碑，二漢西狹頌，三魏義橋石象碑，四齊董洪達造象，五

隋首山舍利塔銘。

亞，玉也。

隋阮景暉造象記。

𦋺，勗也。

魏内司楊氏墓誌。

局、局、局、局局也。

一魏樂安王元緒墓誌，二齊石永興造象記，三隋元公墓誌銘，四隋羊本墓誌，五隋儀同三司王護墓誌。

踻、踻也。

唐王和墓誌。

蜀、蜀也。

齊元賢墓誌銘。

觕、斛、觸也。

一魏程哲碑，二唐諸葛府君夫人韓氏墓誌。

欲、欲也。

齊宋敬業造象記。

錄、錄也。

唐仁靜觀魏法師碑。

五

緑，綠也。

隋新鄭縣令蕭瑾墓誌。

曲、曲，曲也。

一漢韓勅碑陰，二齊劉碑造象。

足，足也。

魏皇甫驎墓誌銘。

俗、俗、俗、俗，俗也。

一魏義橋石象碑，二魏司空王誦墓誌，三隋豆盧寔墓誌，四隋嚴

元責墓誌。

粟，粟也。

漢曹全碑。

三覺

擢，摧也。

隋賈珉墓誌。

峕、岳也。

魏比丘道寶記。

玥、汌、䩐、汌、𦝫、朔也。

一漢孔廟置百石卒史碑，二齊宋敬業造象記，三隋陳叔毅脩孔廟碑，四隋羅寶奴造象，五僞周邢彥褒墓誌。

湪、涿也。

魏高洛周造象記。

𠦝、卓也。

魏敬史君碑陰。

𨒍、邈也。

唐張棻墓誌。

學、學、學、學、學也。

一漢武榮碑，二魏李仲琁脩孔廟碑，三唐魏邈妻趙氏墓誌，四唐諸葛府君夫人韓氏墓誌。

四質

質、貭、損、貿、質也。

一漢景君碑，二魏李仲琁脩孔廟碑，三魏東平王元畧墓誌，四隋主簿張濬墓誌。

實、實、實、實、實也。

一漢李度銘，二魏武昌王妃吐谷渾氏墓誌，三齊元賢墓誌銘，四唐蘇瓌碑。

秩、秩也。

隋孔河陽都尉墓誌。

佚、佚也。

唐柳尚善墓誌。

恚、恚也。

唐大達法師塔銘。

腠、腠、腠、膝、膝、膝也。

一漢鄭固碑，二魏中岳嵩陽寺碑，三周曹恪碑，四周華岳頌，五唐

吏部南曹幢。

壹、壹、壹也。

一漢史晨奏銘，二唐李郴妻宇文氏墓誌。

漆、涞、漆、漆也。

一漢韓勑碑，二齊道興造象記，三唐楊氏合葬殘墓誌。

匹、返、疋、疋、返、匹也。

一漢武榮碑，二魏杜文雅造象，三隋新鄭縣令蕭瑾墓誌，四唐獨

孤仁政碑，五唐張興墓誌銘。

逸、逸、逸也。

一魏齊郡王祐造象記，二魏寇憑墓誌。

俏、俏、俏，俏也。

一、二魏汝陽王元賥墓誌銘，三唐李靖碑。

溢、溢，溢也。

一魏李仲璇脩孔廟碑，二魏司馬昇墓誌。

疾，疾也。

漢元初三公山碑。

室，室也。

魏杜文雅造象記。

必，必也。

唐李公夫人劉氏墓誌。

畢、畢、畢、畢，畢也。

一漢曹全碑，二齊董洪達造象記，三隋羊本墓誌，四唐工部尚書崔泰之墓誌，五南唐謙公安公搆造碑。

卒、卒、卒、卒、卒、卒、卒，卒也。

一漢韓勑碑陰，二魏呂望表，三魏韓顯祖造象，四魏魏靈藏造象記，五齊董洪達造象記，六齊比丘尼慧承造象，七偽周焦松墓誌。

帥，帥也。

漢景君碑。

窑、窑、窑、窑、窑，窑也。

一隋窑長盛造橋碑，二隋宮人司寶陳氏墓誌，三偽鄭義安郡夫人元氏墓誌，四唐惠隱禪師塔銘，五唐張維岳碑。

粥、粥，粥也。

一唐王文遂等七十人造象，二唐獨孤仁政碑。

乙，乙也。

齊李清為李希宗造象記。

八

笔，筆也。

北齊雋敬碑。

術，術也。

隋常景墓誌。

卒，卒，卒也。

一漢孔廟置百石卒史碑，二魏孝文帝弔比干文。

郵，郵也。

魏温泉頌。

戌，戌，戌，戌，戌，戌也。

一魏比丘道璸記，二魏樂安王元緒墓誌，三魏高宗嬪耿壽姬墓誌，四魏廣陽王妃墓誌，五隋李景崇造象。

律，律，律也。

一漢樊敏碑，二魏鄭羲碑。

瀄、櫛也。
梁蕭憺碑。
琹、瑟也。
隋太僕卿元公墓誌銘。
虱、蝨也。
魏恆州刺史韓震墓誌。

五物

物、物、物、物也。
一魏東平王元畧墓誌，二隋冠軍司錄元鍾墓誌，三隋羊本墓誌，
四唐程邽造橋碑。
紱、紎、紱也。
一魏安樂王元詮墓誌，二唐楊氏夫人残墓誌。
黻、帗、黻、黻、黻也。

一宋爨龍顏碑，二齊高叡脩寺碑，三周强獨樂造象記，四唐饒陽男房基墓誌。

贊、贊、贊、贊也。

一魏七兵尚書寇治墓誌，二魏雍州刺史元固墓誌，三周段摸墓誌。

佛、佛，佛也。

一宋元嘉廿五年□熊造象，二魏邑主造象頌。

魏鞠彥雲墓誌銘。

拂，拂也。

六月

越，越也。

魏敬史君碑陰。

粤、粤、粤、粤、粤、粤、粤、粤、粤、粤，粤也。

一魏司馬景和妻墓誌銘、二魏安定王第二子給事君夫人王氏墓誌、三魏元公夫人薛氏墓誌、四魏太常少卿元悛墓誌、五魏武昌王妃吐谷渾氏墓誌、六魏元氏故蘭夫人墓誌、七魏鄭縣男唐耀墓誌、八魏司空穆泰墓誌、九唐張對墓誌銘、十唐楊智積墓誌、十一唐李君佛龕碑。

鉞、鉞也。

魏廣陽王妃墓誌。

厥、厥、厥、厥、厥、厥、厥、厥、厥也。

一漢楊淮碑、二漢景君碑、三漢韓勑碑、四魏孝文帝弔比干文、五魏嵩陽寺碑、六魏劉玉墓誌銘、七魏瀛州刺史元廞墓誌、八魏武昌王妃吐谷渾氏墓誌。

關、關、關、關、關、關、關、關、關、關、關也。

一漢史晨奏銘、二宋爨龍顏碑、三魏魏靈藏造象記、四魏北海王元詳造象，五隋龍山公墓誌銘，六唐李從証墓誌，七唐大泉寺三門記，八唐諸葛府君夫人韓氏墓誌，九唐還少林寺神王勅碑，十元龍興寺長明燈錢記。

髮、髮、髮、髮，髮也。

一梁蕭憺碑，二魏義橋石象碑，三齊李琮墓誌銘，四隋正議大夫伍道進墓誌。

發、發、發、發、發，發也。

一晉爨寶子碑，二魏汾州刺史元彬墓誌，三魏元珽妻穆夫人墓誌，四齊宋買造象記，五隋仲思那造橋碑，六隋首山舍利塔記。

謁、謁，謁也。

一漢曹全碑，二魏洛州刺史元廣墓誌。

竭、竭、竭、竭、竭，竭也。

一漢楊孟文頌，二魏杜照賢造象，三魏敬史君碑，四齊宋買造象記、五魏法文造象記、六隋元英墓誌。

沒、沒也。

魏温泉頌。

勃、勃、勃、敦、勃也。

一漢魯峻碑、二魏敬史君碑、三魏高湛墓誌銘、四魏皇内司墓誌。

渤、渤、渤、渤也。

一隋曹植碑、二隋明雲騰墓誌、三僞周白水令孔元墓誌。

突、突、突也。

一魏敬史君碑、二隋易州易縣固安陵雲鄉民造象。

七曷

曷、曷、曷也。

一晉爨寶子碑、二魏孝文帝弔比干文。

褐、褐、褐、褐、褐也。

一魏司馬昇墓誌銘，二魏李謀墓誌，三魏王偃墓誌，四隋明雲騰墓誌。

闉，闉也。

魏冀州刺史元壽安墓誌。

渴，渴也。

魏慈香造象記。

葛，葛也。

隋諸葛子恒造象。

劉，劉也。

唐康武通墓誌。

薩，薩也。

一齊韓永義造佛堪銘，二隋□太妻夏樹造象。

奪、奪、奪，奪也。

一漢景君碑、二魏饒陽男元遥墓誌、三齊高叡修寺碑。

谿、谿也。

魏小斂戍主元平墓誌。

幹、幹也。

魏安康伯元均墓誌。

跋、跋、跋、跋也。

一魏東安王太妃墓誌、二齊太府卿元賢墓誌、三齊元賢墓誌銘。

八點

黠、黠也。

唐武騎尉張弘墓誌。

拔、扶、拔也。

一唐張藥墓誌、二周趙智侃墓誌銘。

敍、敍、敍、敍、敍、敍、敍、殺、殺也。

一漢武梁祠畫象題字，二魏楊宣碑，三齊高叡脩寺碑，四隋諸葛子恆造象記，五隋皇甫誕碑，六唐等慈寺碑，七唐大法師行記，八唐張維岳碑。

剎、剎，剎也。

一隋諸葛子恆造象記，二唐蔣王內人安太清造象。

九屑

切、切，切也。

一魏杜文雅造象記，二魏比丘道璸記。

竊、竊、竊、竊、竊、竊、竊，竊也。

一魏孝文帝弔比干文，二魏江陽王元乂墓誌，三魏任城文宣王太妃馮墓誌，四齊李清為李希宗造象記，五唐工部尚書崔泰之墓誌，六唐石州刺史劉穆墓誌，七唐魏邈妻趙氏墓誌。

潔、潔、潔、潔、潔、潔、潔，潔也。

一魏劉玉墓誌銘，二魏孝文帝弔比干文，三、四魏比丘道瑱記，五魏寇陵公主墓誌，六魏高宗嬪耿氏墓誌，七隋騰王子楊厲墓誌，八隋阮景暉造象。

西、血、西，血也。

一魏張猛龍碑，二魏皇甫驎墓誌銘，三齊法懃法師塔記。

詗、譎、譎，譎也。

一隋龍藏寺碑，二唐左光祿大夫段瑗墓誌。

迭、迭，迭也。

魏樂安哀王元悅墓誌。

[牛瓜]，秩也。

隋張通妻陶氏墓誌。

鐵、鐵，鐵也。

魏冀州刺史元昭墓誌。

餘，飱也。
漢甘陵相□博殘碑。
𩅪，殼也。
唐劉粲墓誌。
蔑、蔑、蔑、夢、蔑、莧、蔓、薆，蔑也。
一漢張遷碑，二魏孝文帝弔比干文，三魏皇甫驎墓誌，四魏梁州刺史元演墓誌，五魏小劍戍主元平墓誌，六隋李則墓誌，七唐饒陽男房基墓誌，八僞周焦松墓誌。
閈，閉也。
魏太尉府諮議參軍元弼墓誌。
挈，挈也。
唐嗣曹王妃鄭氏墓誌。
瞥，瞥也。

唐李從証墓誌。

裂、烈、列烈也。

一魏小斂戍主元平墓誌，二魏青州刺史元道墓誌，三齊僧道略造象。

梧、梧哲也。

一齊静明造象，二齊元賢墓誌銘。

桀、桀、傑、傑、傑、傑、傑、傑也。

一魏杜文雅造象記，二隋龍山公墓誌，三唐李扶墓記，四唐兖公頌，五唐姚彝碑，六唐鴻慶寺碑，七唐尚書司勳郎中吉渾墓誌。

桀、傑、桀也。

一魏孝文帝弔比干文，二魏寇憑墓誌。

孽、孽也。

唐張琮碑。

滅、搣滅，滅也。

一魏恆州刺史元譿墓誌，二魏胡昭儀墓誌，三齊劉碑造象。

雪，雪也。

漢張遷碑。

閱，閱也。

唐游擊將軍康磨伽墓誌。

輟，輟也。

魏司空穆泰墓誌。

别，别也。

周聖母寺造象記。

轍，轍也。

齊元賢墓誌銘。

澈，澈也。

魏齊郡王妃常氏墓誌。

十藥

鑰，鑰也。

唐法藏禪師塔銘。

畧，略也。

齊元賢墓誌銘。

灼，灼也。

魏王誦妻元氏墓誌。

若、若、若，若也。

一魏義橋石象碑，二、三、四魏比丘道瓚記。

虐、虐，虐也。

一漢魯峻碑，二漢楊君石門頌。

芍，芍也。

隋蘇慈墓誌銘。

𣪘、𣪘、𣪘、𣪘、𣪘、𣪘、𣪘、𣪘，𣪘也。

一漢夏承碑，二魏司馬昇墓誌銘，三魏劉懿墓誌，四魏范陽王元誨墓誌，五魏上黨王元天穆墓誌，六魏安樂王元詮墓誌，七魏洛州刺史元廣墓誌，八齊朱曇思造象記，九隋常景墓誌，十唐李郴妻墓誌銘。

着，著也。

唐大泉寺三門記。

鐸，鐸也。

齊宗敬業造象記。

幕，幕也。

唐王慶墓誌。

寞，寞，寞也。

一隋主簿張濬墓誌，二唐司馬興墓誌。
渃落也。
魏三級浮圖頌。
渃、洛、洛，洛也。
一魏小劔戍主元平墓誌，二魏員外散騎侍郎元恩墓誌，三魏李
超墓誌
樂、樂、樂也。
一魏嵩陽寺碑，二魏淮南王元顯墓誌。
託、託、託也。
一魏杜文雅造象，二魏汾州刺史元彬墓誌。
橐、橐、橐也。
一隋明雲騰墓誌，二唐易州鐵象頌。
擇、擇也。

魏冀州刺史元昭墓誌。

鑿、鑿、鑿、鑿、鑿、鑿、鑿、鑿，鑿也。

一漢鄐閣頌，二漢楊君石門頌，三魏石門銘，四齊高叡修寺碑，五隋密長盛造橋碑，六唐李氏再脩功德記，七唐臧希晏碑，八唐等慈寺碑，九唐鬱林觀碑。

愕，愕也。

宋天慶禪院達大師塔記。

笋、笋、楞，笋也。

一魏貴華恭夫人墓誌銘，二魏東莞太守秦洪墓誌，三隋楊居墓誌。

恚、悪，惡也。

一北涼沮渠安周碑，二周强獨樂為文帝造象。

薄，薄也。

唐大法師行記。

壑、壑、壑、壑、壑、壑、壑、壑、壑、壑、壑、壑也。

一魏張猛龍碑，二魏敬史君碑，三魏陸紹墓誌，四魏鉅平縣侯元欽神銘，五魏員外散騎侍郎元恩墓誌，六齊李琮墓誌銘，七周神智造象，八唐大泉寺三門記，九唐梁思亮墓誌銘，十唐夫人竹氏墓誌，十一唐王元崇墓誌。

鸖、鶴、鶴、鶴也。

一隋董美人墓誌，二唐慕容知禮墓誌，三唐大智禪師碑。

霍、霍、霍也。

一魏江陽王元乂墓誌，二隋阮景暉造象記。

雈、雈也。

唐魏法師碑。

十一陌

佰，伯也。

魏高樹造象記。

勮，劇也。

漢韓勑碑側。

隙、隟，隙也。

一魏義橋石象碑，二唐王美暢夫人墓誌銘。

赫、𧹞、𧹞、𧹞、赫、赫、𧹞、赫，赫也。

一漢武榮碑，二漢置孔廟百石卒史碑，三魏高貞碑，四魏程哲碑，五魏王偃墓誌，六周華岳頌，七隋諸葛子恒造象記，八唐于志寧碑。

庑，宅也。

魏比丘道璸記。

捧、擇，擇也。

一魏義橋石象碑，二隋宋永貴墓誌。

澤、澤、澤、澤，澤也。

一漢景君碑，二齊李琮墓誌銘，三隋北海縣令趙朗墓誌，四唐大智禪師碑。

麦，麥也。

隋澧水石橋碑。

獲、獲，獲也。

一齊石同寺比丘惠教造象，二唐桑嵩墓誌。

茦、荚、筴、筞、筞、策，策也。

一漢張遷碑，二漢景君碑，三漢耿勳碑，四魏孝文帝弔比干文，五魏王僧墓誌銘，六齊唐邕寫經碑，七隋張業墓誌。

冊、冊、冊，冊也。

一隋曹植碑，二唐蘇瓌碑，三唐張仁墓誌。

隔、隔、隔也。

一齊等慈寺造塔殘記，二隋諸葛子恒造象記。

華、華、芈、華也。

一唐宗聖觀碑，二唐晋祠銘，三唐大泉寺三門記。

積、積、積也。

魏義橋石象碑。

跡、跡、迹、跡也。

一魏慈香造象記，二魏比丘洪寶造象銘，三齊劉碑造象記。

蹟、蹟、蹟也。

隋明雲騰墓誌。

益、益、益也。

一魏正平太守元仙墓誌，二唐李扶墓誌。

亦、亦、亦也。

一魏魏靈藏造象記，二魏義橋石象碑。

弁、弇，弈也。

一魏東安王太妃墓誌，二隋梁瓌墓誌。

棭，掖也。

隋宮人司樂劉氏墓誌。

擇、擇、擇，擇也。

一漢張遷碑，二魏平乾虎造象記，三隋張峻母桓造象。

奧、奧、奧、奧，奧也。

一梁蕭憺碑，二魏刁遵墓誌，三魏鉅平縣侯元欽神銘，四周華岳頌。

赤、赤，赤也。

漢景君碑陰。

石、石，石也。

魏義橋石象碑。

碩，碩也。

梁趙重進造象記。

判，刺也。

魏汾州刺史元彬墓誌。

席、席、席、席、席、席、席、席，席也。

一漢夏承碑，二魏高湛墓誌銘，三魏北海王元詳墓誌，四、魏冀州刺史元子直墓誌，五魏公孫猗墓誌，六魏司空王誦墓誌，七齊劉碑造象，八齊靜明造象記，九唐道因法師碑。

瘠，瘠也。

梁蕭憺碑。

促，役也。

隋元君墓誌銘。

壁，壁也。魏潁川太守元襲墓誌。

躃，躄也。魏宮一品張安姬墓誌。

十二錫

錫，錫也。魏樂安王元緒墓誌。

折、折、拆、折，析也。一魏冀州刺史元昭墓誌，二魏江陽王元乂墓誌，三魏東平王元畧墓誌，四隋嚴元貴墓誌。

激，激也。唐新使院石幢記。

擊，擊也。

二十

唐李表墓誌。
曆，曆也。
偽周楊順墓誌。
㽁、㽁、歷，歷也。
一魏女尚書王僧男墓誌，二魏西陽男高廣墓誌，三魏東安王太
妃墓誌。
鍹，鏑也。
偽周勝州都督王珫墓誌。
滴、適，滴也。
一齊道興造象記，二唐豆盧遜墓誌銘。
犾，狄也。
魏王偃墓誌。
敵，敵也。

齊李琮墓誌銘。

滌，滌也。

唐段會妻呂氏墓誌。

倜，倜也。

僞周楊順墓誌。

寂，寂，寂也。

一魏三級浮圖頌，二隋騰王亦楊厲墓誌。

臭，臭也。

魏冀州刺史元壽安墓誌。

俄，慼，戚，俄，俄，娥，俄，娥，戚，俄，戚，俄，戚也。

一魏高貞碑，二魏汾州刺史元彬墓誌，三魏元始和墓誌，四魏女尚書馮女郎墓誌，五魏司空王誦墓誌，六魏太中大夫元玕墓誌，七齊高叡修寺碑，八隋常景墓誌，九唐往生碑，十唐淨藏禪師身塔銘，十一唐蘇瓌碑，十二唐光州刺史李潘墓誌。

感，感也。

唐御史臺精舍碑。

十三 職

職，職也。

魏龍驤將軍元引墓誌。

餙、餙、餙，飾也。

一齊高叡脩寺碑，二隋主簿張濬墓誌，三唐紀國陸妃碑，四唐楊氏夫人合葬叔墓誌。

飡，食也。

隋護澤公寇遵考墓誌。

寔、寔、寔，寔也。

一漢樊敏碑，二魏司馬景和妻墓誌。

識、識、識、識也。
一漢楊君石門頌，二隋首山舍利塔記，三隋豆盧通造彌勒象記。

拯、拯、拯、拯、拯也。
一魏比丘洪寶造象銘，二魏彭城王元勰墓誌，三齊武平五年殘造塔記，四隋龍華碑，五唐尚書司勳郎中吉渾墓誌。

匿、匿也。
隋阮景暉造象。

抑、抑、抑、抑也。
一魏義橋石象碑，二魏任城文宣王太妃馮墓誌，三唐等慈寺碑。

嗇、嗇也。
唐台州刺史陳皆墓誌。

蘇、蘇、蘇、蘇、蘇、蘇、蘇、蘇也。
一魏魏靈藏造象記，二魏李璨墓誌銘，三魏孝文帝弔比干文，四魏瀛州刺史元廞墓誌，五魏劉懿墓誌，六魏鄭道昭論經書詩，七涪于儉墓誌，八唐長孫氏墓誌。

丞，亟也。

唐封邱縣令白知新墓誌。

翼、翼、翼，翼也。

一魏范式碑，二魏張玄墓誌銘。

即、即，即也。

一魏高貞碑，二魏王誦妻元氏墓誌。

褋、褋，褋也。

一魏寇憑墓誌，二唐左光祿大夫段璲墓誌。

逼，逼也。

一魏上黨王元天穆墓誌。

域、域，域也。

一魏元始和墓誌，二唐隆闡禪師碑。

綫，綫也。

魏瀛州刺史元歆墓誌。

庂，仄也。

魏冀州刺史元昭墓誌。

昊，昃也。

魏李憲墓誌銘。

德、徳、徳、悳、惪，德也。

一漢衡方碑，二魏敬史君碑，三魏青州刺史元遣墓誌，四周曹恪碑，五隋劉相墓誌。

得、得、得、得，得也。

一魏李仲璇脩孔廟碑，二魏廣川孝王元煥墓誌，三隋曹植碑四唐程卹造橋碑。

刖，則也。
隋滈于儉墓誌銘。
勒，勒也。
魏惠感造象記。
剋，克也。
一魏女尚書王僧男墓誌，二隋北海縣令趙朗墓誌。
剋、尅，剋也。
一漢景君碑，二齊宋買造象記。
默，默也。
魏齊郡王妃常氏墓誌。
賊、賊，賊也。
一漢武梁祠畫象題字，二漢景君碑陰。
塞，塞也。

隋宮人司燈李氏墓誌。

武惑式或也

一魏嵩岳靈廟碑，二魏冀州刺史元子直墓誌，三隋常景墓誌。

囻、國、國、國、国，國也。

一魏三級浮圖頌，二魏恆州大中正于景墓誌，三魏穎川太守元襲墓誌，四齊軌禪師造象記，五齊賈思業造象記。

十四緝

緝、緝，緝也。

一魏張猛龍碑，二齊雋敬碑。

執、執、執，執也。

一魏孝文帝弔比干文，二唐劉通墓誌銘。

羽，習也。

唐焦璀墓誌。

襲，襲也。魏元祐墓誌銘。

隰，隰也。隋主簿張濬墓誌。

楫，揖也。唐于孝顯碑。

挹，挹也。唐王美暢夫人長孫氏墓誌銘。

濕，濕也。漢鄐閣頌。

戢，戢也。隋造龍華碑。

邑，邑也。

魏孔羨碑。

十五合

迊，迊也。

唐大泉寺三門記。

闔，闔也。

隋昌國惠公寇奉叔墓誌。

䑺、臘、臈、臘，臘也。

一漢張遷碑，二齊法懃禪師塔銘，三齊道興造象並治疾方，四偽

周白水令孔元墓誌。

蠟、蠟，蠟也。

一魏江陽王元乂墓誌，二齊道興造象記。

搚，搨也。

隋主簿張濬墓誌。

墖，塔也。

魏中岳嵩陽寺碑。

十六葉

𦼮、蘽、葉，葉也。

一齊靜明造象記，二隋龍藏寺碑，三唐田㑊墓誌。

椄，接也。

隋滕王子楊厲墓誌。

㩗、擕，攝也。

一北涼沮渠安周碑，二齊劉碑造象記。

獵，獵也。

魏吳郡王蕭正表墓誌銘。

獦、獦，獦也。

一魏樂安王元緒墓誌，二魏西陽男高廣墓誌。

鼸,鼸也。

唐尚書司勳郎中吉渾墓誌。

捷、揵、揵,捷也。

一隋甯贊碑,二隋主簿張濬墓誌,三唐往生碑,四唐康留買墓誌。

聶,聶也。

齊比丘尼慧承造象記。

躡,躡也。

魏涼州剌史元維墓誌。

愶,協也。

魏顥祖嬪侯夫人墓誌。

恇,愜也。

唐王慶墓誌。

變、變,變也。

一魏恆州大中正于景墓誌，二魏鉅平縣侯元欽神銘。

十七洽

插，揷也。

魏義橋石象碑。

蓮，蓮也。

隋龍藏寺碑。

壓，壓也。

魏傅姆王遺女墓誌。

鉀，甲，甲也。

一周强獨樂爲文帝造象，二隋首山舍利塔記。

業，業，㯋，業，業，業也。

一漢郙閣頌，二魏李仲琁脩孔廟碑，三魏皇内司墓誌，四齊宋買造象記，五唐韋公玄堂銘。

法、𣶒法也。

一齊靜明造象記，二隋鄧州舍利塔下銘。

卷五

碑别字拾遗

碑别字拾遺目録

上平聲

疑思姬吹辭氂醨彪湊緇
淄罹熙醫茲慈

五微

微違幃葳飛祈扉歸

六魚

魚初渠與蘧如虛於廬

七虞

芻無于巫肰頫吾昇軀趨
烏雛敷蒲壺孤弧膚辜蘇
塗途殳徂虖枯嗚觚

八齊

齊泥妻稽奚兮西棲雞溪

十四寒

安奸紈單冠般歡

十五删

闗還班攀鰥

下平聲

一先

煙顛牽淵邊遄僊遷邅然

延筵埏偏纏璿連聯鞭緜

泉鐫穿緣旋瀍諐專乾虔

禪權焉

二蕭

蕭貂逍條翹梟聊遼凋宵

朝驍遥齠摽標苗腰鑣

三肴

巢勦郊

四豪

豪號皋勞髦滔騷褒濤敖

翱曹操

五歌

科拖和磨

六麻

斜嗟華洼遐家瓜葩

七陽

陽傷觴梁慶疆長襄祥將

望牆孀王裳唐當翔剛綱
昂桑喪羌黃芒茫臧囊姜

八庚

庚彭英荆明名羹兵勍迎
盳鶯旌盈楹瀛纓貞聲泓
瓊

九青

經涇庭廷停靈齡形零冥
扃坰

十蒸

承丞陵繩乘仍澂徵凝興
稱膺憑崩朋鵬騰

銜監巖

上聲

一董

總

二腫

攏隴勇冢聳恐鞏

四紙

毀徙屣邇美媺簋昬履以

裏鯉蟻鄙齒恥祉

五尾

豈扆

六語

十三阮

遠偃苑晚挽琬袞閫壼墾

十四旱

罕浣但誕滿

十六銑

顯踐扁演展辯沔兖舛篆

冕

十七篠

肇蓼表

十九皓

老腦考島藻棗寶早

二十哿

二十六寑

寑枕稟懍

二十七感

闇膽

二十八儉

苒奄掩儼

二十九豏

范

去聲

一送

弄控楝痛夢衆

二宋

樹祔孺露懼傅屢墓慕冕

顧素庫蠹護訴祚數

八霽

霽濟帝第涕締遞逮墆例

繼系翳瘱惠戾隸歲衛敝

製噬筮裔瘞藝厲憩勢

九泰

泰艾害會最斾賴

十卦

派畫戒薤

十一隊

戴對碎退晦

十七霰

醼燕薦擅彥見媛電眷便

變汴殿

十八嘯

嘯曜徼廟笑

十九效

孝豹貌

二十號

傲冒竈躁奧

二十一箇

卧

二十二禡

二十八勘

澹

二十九豔

塹厭贍

三十陷

陷鑒監

入聲

一屋

獨穀轂蓄斛哭祿族僕匵

速復服匐陸菊睦淑倏覆

肅燠夙穋牧

二沃

褐奪秣撥

九屑

闋血列瓞覈蔑哲傑桀滅

折

十藥

藥略虐謔莫爵勺崿幕鶚

閣樂箔索恪鑿郭愕萼弱

壑格鶴臒鄂

十一陌

隙赫宅澤客翮冊隔革積

蹟逆奭席瘠扼

十二錫

錫歷狄績的寂戚

十三職

刻識特式拭賊棘亟翼稷

慝嶷德畫克或國

十四緝

岌邑

十五合

閤葺臘溘榼雜

十六葉

葉懾獵鬣捷牒諜睫

十七洽

洽插匣乏業

目錄

遺目

碑別字拾遺

上虞　羅振玉　輯

上平聲

一東

㚵衷也。

隋門下坊錄事張相墓誌。

崈崇也。

唐張騷墓誌。

躳躬也。

唐右威衛錄事參軍孟君妻劉氏墓誌。

竆窮也。

唐孫君墓誌。

凬、凮,風也。

一唐吏部常選張顏墓誌,二唐車謂妻侯氏墓誌。

雄,雄也。

唐揚子縣令崔光嗣墓誌。

叢、藂,叢也。

一隋禮部侍郎陳叔明墓誌,二僞周處士崔德墓誌。

菱,蔆也。

唐孔桃栓墓誌。

聦,聰也。

魏廣川孝王元焕墓誌。

忩，悤也。
唐安孝臣母米氏墓誌。

二冬

䢉，農也。
魏雍州刺史李挺墓誌。

龓、龗，龍也。
一魏豫州刺史李簡子墓誌，二唐李君夫人墓誌。

庯，庸也。
唐處士朱通墓誌。

雝，雍也。
魏雍州刺史王翊墓誌。

從、從、從，從也。

一魏相州刺史元端墓誌，二唐梁基墓誌，三唐許州司户參軍郭瑶墓誌，又吕思禮墓誌，四唐武騎尉楊寶墓誌。

蹤，蹤也。

唐交州都督府參軍樊玄紀墓誌。

峯、峯、峯，峯也。

一魏金城郡君墓誌，二齊平原縣令張明府楊夫人墓誌，三唐張伽墓誌。

恭，恭也。

唐吏部常選鄭公夫人宋氏墓誌。

春，春也。

唐田仁墓誌。

三江

邦、邦、鄭、邽、邦、邦也。

一隋黎陽鎮將程鍾，二隋肥鄉令蕭翹墓誌，三隋口突娑墓誌，四隋宫人司飭丁氏墓誌，五唐管城縣令楊璡墓誌。

雙、雙也。

唐洛州王師墓誌。

四支

移、移也。

唐張綱墓誌。

垂、垂、垂、垂也。

一魏處士王基墓誌，二唐闞君夫人王氏墓誌，
三唐闞州司馬鄧賓墓誌。
却，邳也。
唐元子上妻鄭氏墓誌。
随，隨也。
唐禹城縣令李庭訓墓誌。
虧、虧、虧、虧、虧，虧也。
一齊武陽令張君妻蘇夫人等墓誌，二唐張夫
人墓誌，三僞周六合縣尉王則墓誌，四唐張夫
人墓誌，五唐洛陽縣記室參軍樂恭墓誌，六唐
騎都尉郭義本墓誌。
犧、犧，犧也。

一唐驃騎將軍孫遷墓誌，二唐處士王通墓誌。

義，義也。
唐贈綿州司馬白義寶墓誌。

技，枝也。
隋梁郡太守劉德墓誌。

弥，彌也。
魏大統僧令法師墓誌。

漪，漪也。
唐韓子墓誌。

危，危也。
偽周司宮臺内給事蘇永墓誌。

衰，衰也。

唐橫野軍副使樊庭觀墓誌。

胉，脂也。

唐陳守素妻李夫人墓誌。

𢑱、彛、𢑴，彝也。

一魏青州刺史元襲墓誌，二魏東阿縣公元順墓誌，三唐左衛翊衛裴夫人李氏墓誌。

⿰犭夷，夷也。

唐張騷墓誌。

⿰目比，毗也。

隋中散大夫□公静墓誌。

⿰犭皃，貌也。

唐汾陰縣丞李譖墓誌。

洛,咨也。
魏司空穆紹墓誌。
資,資也。
魏安西將軍元朗墓誌。
姿,姿也。
魏貴華恭夫人墓誌。
墀,墀也。
唐封州司馬董力墓誌。
遟,遲也。
唐左領軍衛郎將裴沙墓誌。
著,著也。
隋右武侯大將軍范安貴墓誌。

追，追也。

魏頼川太守穆纂墓誌。

龜、龜、龜、龜、龜、龜、龜、龜、龜、龜、龜、龜也。

一魏定州刺史元周安墓誌，二唐雷澤縣令郭邕墓誌，三唐杜師廓墓誌，四唐洛州司户高纘墓誌，五唐韓承墓誌，六唐滈俗鄉君劾夫人墓誌，七唐涿郡張夫人墓誌，八唐金鄉郡君韋氏墓誌，九唐騎都尉郭義本墓誌，十唐陳守素妻李夫人墓誌，十一唐沙州龍勒府果毅都尉張方墓誌，十二唐宋夫人墓誌。

蕤、蕤，蕤也。

一唐夏侯君前妻樊後妻董合葬墓誌，二唐陳

州司馬慕容思廉墓誌。

遺、遺，遺也。

一晉沛國相張朗墓碑，二唐孔桃栓墓誌，三唐河南慕容曉墓誌。

夔夔，夔也。

一唐左親衛長上校尉樂玉墓誌，二唐高夔墓誌。

乏，之也。

魏處士王基墓誌。

頤，頤也。

唐楊佰隴墓誌。

疑，疑也。

魏雍州刺史李挺墓誌。

㥞，思也。

唐沈士公墓誌。

㛐、媐、㛸，姬也。

一梁梁坦墓誌，二三唐薛王府兵曹王令墓誌。

吺，吹也。

唐新城府别將張翼墓誌。

辭、辤、辭、辭，辭也。

一魏汶山侯吐谷渾璣墓誌，二隋夫人禮氏墓誌，三定州長史李謙墓誌，四唐定城尉屈澄墓誌。

瑩，塋也。

唐右威衛錄事參軍孟君妻劉氏墓誌。

⿰米離,醨也。

魏東阿縣公元順墓誌。

滮,彪也。

唐吏部常選鄭公夫人宋氏墓誌。

洟,洟也。

唐王孝瑜并夫人孫氏墓誌。

緇,緇,緇也。

一唐幽州軍經略軍節度副軍翟銑墓誌,又唐相州刺史賀蘭務温墓誌,二唐并州司兵張君夫人墓誌。

淄,淄也。

唐建陵縣令席泰墓誌。

羅，罹也。

唐王夫人墓誌。

㷩、熈、𤍠、𠥺，熙也。

一魏處士王基墓誌，二魏閭儀同墓誌，三唐蔣國公屈突通墓誌，四唐故張夫人墓誌。

毉、毉，醫也。

一唐龍游縣尉索義弘墓誌，二唐定州刺史尒朱義琛墓誌。

蕬、玆，茲也。

一魏相州刺史元宥墓誌，二唐禹城縣令李庭訓墓誌。

蕬、慈，慈也。

一魏丘君命婦鮮于氏墓誌，二隋禮部侍郎陳叔明墓誌。

五微

㣲、㣲，微也。

一魏大統僧令法師墓誌，二齊員外郎馬少敏墓誌。

違、違，違也。

唐監察御史杜公夫人張氏墓誌。

愇、愇，愇也。

魏孝廉奚真墓誌。

葳、葳，葳也。

唐史庭墓誌。

飛,飛也。

一魏兗州長史穆君墓誌,二魏任城王妃李氏墓誌。

祈,祈也。

唐三洞法師侯尊誌文。

扉,扉也。

唐張貴墓誌。

歸、歸,歸也。

一隋橋紹墓誌,二唐四鎮節度判官崔覔墓誌,三唐鄧夫人墓誌。

六魚

魚，魚也。

魏司空公元瞻墓誌。

初，初也。

唐定州唐縣丞柳正確墓誌，又唐潘基墓誌。

渠，渠也。

唐横野軍副使樊庭觀墓誌。

與，與也。

唐夏侯君前妻樊後妻董合葬墓誌。

蘧，蘧也。

唐呂思禮墓誌。

如，如也。

魏相州刺史元端墓誌。

虗，虛也。

魏汶山侯吐谷渾璣墓誌。

扵、袊、㫍，於也。

一魏輕車將軍元盜墓誌，二魏相州刺史元端墓誌，三唐顏瓌墓誌。

蘆、廬、廬，廬也。

一唐房君夫人耿氏墓誌，二唐處士餘當墓誌，三唐驍騎尉皇甫璧墓誌。

七虞

蒭，芻也。

唐口孝基墓誌。

無，無也。

偽周隴西成紀郡李夫人墓誌。

亐,于也。

隋正議大夫口緊墓誌。

巫,巫也。

唐陪戎副尉韓懷墓誌。

⿰爿央、眏,胦也。

一魏司空穆紹墓誌,二唐飛騎尉王則墓誌。

⿰中頁,⿰央頁也。

唐直羅縣丞張德操墓誌。

珸,吾也。

唐張泉墓誌。

⿱罒⿱口亏,⿱日⿱口亏也。

十

唐靖千年墓誌。

軀，軀也。

唐處士任通墓誌。

趨、趨，趨也。

一齊侍中赫連子悅墓誌，二偽周太子左諭德

裴咸墓誌。

鳬、鳬、鳬、鳬，鳧也。

一偽周承奉郎吳績墓誌，二唐彭城劉夫人墓誌，三唐蒲江縣令蕭慎墓誌，四唐平陽路夫人墓誌。

鶵、鶵，雛也。

一隋長陵縣令盧文構墓誌，二唐張君賈夫人

墓誌。

敦、敷，敦也。

隋符盛胡夫人墓誌。

蒲、蒲，蒲也。

魏太常少卿元璨墓誌。

壷、壷、壷、壷，壺也。

一隋將仕郎段洽墓誌，二唐靖君夫人墓誌，三唐冠氏縣令崔羨墓誌，四萬州司法參軍王韶墓誌。

孙、孤，孤也。

唐柳公權書金剛經。

弧、弧，弧也。

唐清河張毖墓誌。

膚、膚，膚也。

一唐吏部常選李府君朱夫人墓誌，二唐汝陰郡司法參軍姚希直墓誌。

辜，辜也。

唐唐州刺史張思鼎墓誌，又唐游擊將軍黃師墓誌。

蘇，蘇也。

唐劉夫人墓誌。

塗，塗也。

魏閻儀同墓誌。

途，途也。

唐和州刺史顏伯謀墓誌。

殳,殳也。

魏博野縣公笱景墓誌。

伹,徂也。

魏李夫人墓誌。

雩、戲,虖也。

一僞周韋城縣主簿梁鎣墓誌,二唐楚州刺史鄧君夫人王氏墓誌。

枯,枯也。

唐張氏故成公夫人墓誌。

嗚,嗚也。

魏輕車將軍元盜墓誌。

⿰角介,觚也。

唐郢州司馬郭肅墓誌。

八齊

亝,齊也。

魏秦州刺史元寶月墓誌。

屔,泥也。

唐栝州遂昌縣令張先墓誌。

婁,妻也。

魏關西十州臺使郭顯墓誌。

晳、𥡴,稽也。

一唐永嘉府隊副張羊墓誌,二唐張伽墓誌。

奚,奚也。

唐順義郡錄事參軍侯方墓誌。
兮、兮也。
魏輕車將軍元湓墓誌。
西、西、西也。
一齊上洛縣男元子邃墓誌，二魏恆州別駕元
保洛墓誌。
棲、棲、棲也。
一唐田仁墓誌，二唐衛州司馬王善通墓誌。
雞、雞、雞、鷄、鷄、鷄、雞也。
一隋明雲騰墓誌，二唐織染署令王君妻張氏
墓誌，三唐楚州鹽城縣令王惠忠墓誌，四唐樊
浮丘李夫人墓誌，五唐玄武丞楊仁方墓誌，六

唐新鄭縣令劉文墓誌。

溪，溪也。

唐處士任通墓誌。

鼷，鼷也。

僞周龔邱縣令程思義墓誌。

巂，巂也。

唐青州司倉參軍趙克廉墓誌，又僞周安西錄事參軍程瞻墓誌。

觿、觿，觿也。

一魏元則墓誌，二唐孝廉寇鈞墓誌。

九佳

霾，埋也。

唐梁基墓誌。

褢、懐、懷也。

一齊上洛縣男元子邃墓誌，二隋王紹仙墓誌。

十灰

頪、頹也。

魏輕車將軍元寍墓誌。

衺、衺、衰、衰也。

一晉沛國相張朗墓碑，又魏雍州刺史元翊墓誌，二唐禹城縣令李庭訓墓誌，三魏高平剛侯元嵩墓誌。

臺、臺、臺、臺也。

一唐節愍太子府丞賈栖納墓誌，二唐太子左

贊善大夫李文獎墓誌，三口孝基墓誌。

繞，繞也。

偽周金花府司馬張達墓誌。

栽，栽也。

唐處士李文墓誌。

㦲，哉也。

唐處士餘當墓誌。

災，災也。

隋平安郡守謝岳墓誌。

十一真

眞，真也。

魏恒州別駕元保洛墓誌。

甄，甄也。
唐新鄉縣令王順孫墓誌。

氤，氤也。
魏長孫士亮妻宋氏墓誌。

薪，薪也。
唐隴西李賓墓誌。

神，神也。
唐鄭昌縣令鄭承光墓誌。

賔、賓，賓也。
一魏廣川孝王元煥墓誌，二唐潞州禮會府果毅王君墓誌。

隣、鄰、隣，鄰也。

一唐王君夫人贊皇郡君李氏墓誌，二唐夏侯君前妻樊後妻董合葬墓誌，三唐李君夫人墓誌。

鮮，鱗也。

唐華州永豐鎮副張叔子墓誌。

麼，塵也。

唐故張夫人墓誌。

寅，寅，寅也。

一魏江陵縣男長孫子澤墓誌，二魏關西十州臺使郭顯墓誌。

荺，筍也。

唐陝州司戶張君陳夫人墓誌。

豳,豳也。

魏青州刺史元湛墓誌。

椿,椿也。

唐闞君夫人王氏墓誌。

湮,湮也。

僞周金池府折衝都尉楊亮墓誌。

旾,春也。

魏秦州刺史元寶月墓誌。

均,均也。

魏馮邕妻元氏墓誌。

臻,臻也。

隋口突娑墓誌。

搸、榛也。

唐霍夫人墓誌。

十二文

墳、墳、墳也。

一魏新興王元弼墓誌，二隋通事舍人長孫仁墓誌又唐范相墓誌。

勤、勤也。

唐給事中韓思墓誌。

勳、薰也。

魏建城侯山徽墓誌。

勳、勳也。

魏東阿縣公元順墓誌。

軍、軍也。

魏恆州別駕元保洛墓誌。

段、殷、般也。

一唐洛交郡長史趙懷璡墓誌，二唐大理寺評事封無遺墓誌。

䈥、筋也。

唐翊衛大督羅端墓誌。

十三元

厡、原、原也。

一唐邺鄜府司馬杜才墓誌，二唐陽城縣丞王君夫人陰氏墓誌，又唐虞鄉縣丞王安墓誌。

爰、爰、爰、爰也。

一魏長平縣男元液墓誌，二魏廣州長史寇君夫人姜氏墓誌，三唐賈元叡墓誌。

畨，蕃也。

隋内承奉劉則墓誌。

潘，藩也。

唐上開府董葵墓誌。

孫，孫也。

唐河南慕容曉墓誌。

尊，尊也。

魏孝廉奚真墓誌。

昆，昆也。

唐張寬墓誌。

秐，耘也。
唐王君故任夫人墓誌，又唐口孝基墓誌。

㛰，婚也。
唐處士張楚墓誌。

十四寒

安，安也。
唐汜水縣丞邢倨夫人景氏墓誌。

姧，奸也。
魏青州刺史元襲墓誌。

紈，紈也。
隋徐州總管爾朱敞墓誌。

單，單也。

偽周明威將軍王建墓誌。

冡，冠也。

隋扶溝縣令郭君墓誌。

般，般也。

唐柳公權書金剛經。

歡，歡也。

唐袁氏故柳夫人墓誌。

十五刪

闗，関，闗也。

一唐車諤妻侯氏墓誌，二唐陸豐妻胡氏墓誌。

還，還也。

隋内承奉劉則墓誌。

斑、班、班也。

一偽周文安縣令王君夫人薛氏墓誌，二唐宮官司設墓誌。

攀、攀、攀、攀、攀、攀、攀、攀、攀、攀也。

一魏河州刺史乞伏寶墓誌，二偽周虞城縣尉張君表墓誌，三偽周左春坊藥藏郎張金才墓誌，四偽周魏州莘縣尉王君夫人成氏墓誌，五唐揚子縣令崔君夫人盧氏墓誌，六唐管城縣令楊璡墓誌，七唐都總監丞張公夫人吉氏墓誌，八唐高望府果毅王敬墓誌，九唐韓王府兵曹陸紹墓誌。

繯、繯也。

唐陳守素妻李夫人墓誌。

下平聲

一先

煙、㶬、烟也。

一唐華州永豐鎮副張叔子墓誌，二唐處士王君墓誌。

巔、顛也。

魏李夫人墓誌。

牽、𢪂、𤛓、𤙪、牽也。

一唐太子詹事源光乘墓誌，又僞周明威將軍王建墓誌，二唐右千牛府鎧曹參軍口旦墓誌三唐齊府直司楊晟墓誌，四唐房有非尚夫人墓誌。

淵、淵、淵、渕、淵也。

一魏江陵縣男長孫子澤墓誌，二魏青州刺史元湛墓誌，三魏處士王基墓誌，四僞燕女道士馬凌虛墓誌。

邉、邊、邉、邉、邉也。

一魏輕車將軍元窰墓誌，二隋徐州總管爾朱敞墓誌，三僞周上柱國陳玄墓誌，四唐洛汭府隊正李表墓誌。

遄、遄也。

唐口衛勳衛上護軍楊君墓誌。

僊、僊也。

魏長孫士亮妻宋氏墓誌。

遷、遷、遷、遷、遷、遷、遷、遷、遷、遷、遷、遷也。

一魏寇偘哲墓誌，二李夫人墓誌，三魏王悅郭夫人墓誌，四魏平陽縣公元恭墓誌，五魏太常少卿元瑛墓誌，六隋通閏鄉正劉德墓誌，七僞周三原縣令盧行毅墓誌，八唐晉陵郡別駕倪彬墓誌，九唐高士賈君夫人杜氏墓誌，十唐趙義墓誌，十一唐文林郎張剛墓誌。

遭、遭也。

魏闕西十州臺使郭顯墓誌。

然、然也。

唐新鄉縣令王順孫墓誌。

𨑹、𨒌、𨒍、𨒎、延也。

一魏始平公元偃墓誌，二魏河州刺史鄯乾墓誌，三唐韓王府兵曹陸紹墓誌，四唐韓玄墓誌。

筵、𥳑、筵、筵也。

一唐王夫人墓誌，二唐内寺伯成忠墓誌。

埏、埏、埏也。

唐宫官司設墓誌。

偏、偏、偏也。

一隋宫人尚寢衣魏氏墓誌，二唐定襄縣令張

楚璋墓誌。

纏、𦆽、纏也。

一唐鄭宇墓誌，二隋通事舍人長孫仁墓誌。

瑨、璿也。

唐冀州參軍張口本墓誌。

連、連也。

魏潁川刺史穆纂墓誌。

聮、聮、聫、聯也。

一魏貴華恭夫人墓誌，二魏廣川孝王元煥墓誌，三僞周常德墓誌。

鞕、鞭也。

齊泉城王劉悦墓誌。

緜、緜、綿也。

一唐右臺侍御史王齊卭墓誌，二唐游擊將軍吳孝墓誌。

泉、泉、也。
魏洛州刺史元秀墓誌。
鐫、鐫、也。
唐處士餘當墓誌，又僞周魏州莘縣尉王君夫人成氏墓誌。
穿、穿、也。
隋梁郡太守劉德墓誌。
緣、緣、緣、也。
一唐河南慕容曉墓誌，二唐橫野軍副使樊庭觀墓誌。
旋、旋、旋、旋、旋、也。
一魏長孫士亮妻宋氏墓誌，二唐澍城劉府君

韓夫人墓誌，三唐將作少匠孟玄一墓誌，四唐延州都督府士曹參軍長孫盱墓誌。

湮，湮也。

唐洪杜縣丞張善墓誌。

僊、僊，僊也。

一僞周五品亡宮誌文，二唐處士王延墓誌，又唐太廟齋郎郭懌墓誌。

專，專也。

隋夫人禮氏墓誌。

乾、乾，乾也。

一晉沛國相張朗墓碑，二魏相州刺史元端墓誌。

虔、虔也。

魏世宗宣武皇帝李嬪墓誌。

禅、禪也。

唐杭州司户呼延君夫人張氏墓誌。

権、攉、權也。

一魏司空公元瞻墓誌，二齊員外郎馬少敏墓誌。

焉、爲、焉也。

一唐桂州刺史孫成墓誌，二唐劉夫人墓誌。

二蕭

蕭、蕭、蕭也。

一唐汾州崇儒府折衝鄭仁頳墓誌，二唐王君

故任夫人墓誌。

貂、貂、貂，貂也。

一魏任城王元彝墓誌，二魏青州刺史元湛墓誌，三唐處士張師墓誌。

逍，逍也。

唐陪戎副尉韓懷墓誌。

條、篠，條也。

一隋右武候大將軍范安貴墓誌，二唐張寶墓誌。

翹，翹也。

唐贈祕書監李邕墓誌。

梟，梟也。

隋蔣國公屈突通墓誌。

聊，聊也。

唐范相墓誌。

遼，遼也。

唐虞鄉縣丞王安墓誌。

凋，凋也。

隋牛君夫人申氏墓誌。

宵，宵也。

齊上洛縣男元子邃墓誌。

朝，朝也。

唐棗強縣令裴同墓誌。

驍，驍也。

唐陝州司户張君陳夫人墓誌。

遥、遥、遥，遥也。

一魏閻儀同墓誌，二唐司僕寺長澤監王及德墓誌，三唐王君故任夫人墓誌。

齠、齠、齠，齠也。

一隋口突娑墓誌，二唐趙妻麴墓誌，三唐洛陽縣記室參軍樂恭墓誌。

摽，摽也。

唐鄧州司倉張舒墓誌。

飆，標也。

魏南岐州刺史張盜墓誌。

苗、苗，苗也。

一魏司空府參軍事元熾墓誌，二僞周涇陽縣尉杜君夫人趙氏墓誌。

⿱覀月、腰也。

僞周魏州莘縣尉王君夫人成氏墓誌。

鑑、鑣也。

僞周白水張貞墓誌。

三肴

樔、巢、巣、巢、巢也。

一魏安西將軍元朗墓誌，二唐韓王府兵曹陸紹墓誌，又唐魏州司法參軍元素墓誌，三唐東陽縣令桑貞墓誌，四唐游擊將軍劉盛墓誌。

剿、勦也。

魏章武王元融墓誌。

郊，郊也。

唐呂思禮墓誌。

四豪

豪，豪也。

唐張才墓誌。

呺、嗁、號、號、號，號也。

一晉沛國相張朗墓碑，二僞周虞城縣尉張君表墓誌，三唐岐山府果毅安節墓誌，四唐魏州司法參軍元素墓誌，五唐張善墓誌。

皐、皐、皋，皋也。

一唐直羅縣丞張德操墓誌，二唐處士李文墓

誌，三唐延王府戶曹丁韶墓誌。

劳、劳，勞也。

一唐處士任通墓誌，二唐陪戎尉王德妻鮮于

氏墓誌。

髦，髦也。

隋左宗衛大都督楊士達墓誌。

滔、滔，滔也。

一唐上柱國李起墓誌，二僞周張茂墓誌。

騷，騷也。

唐貝州臨清縣令王宏墓誌。

褒，褒也。

魏長孫士亮妻宋氏墓誌。

濤,濤也。

隋夫人禮氏墓誌。

鼔,敖也。

魏處士王基墓誌。

翺,翺,翱也。

一唐左龍驤驃騎王協墓誌,二唐許士端墓誌。

曺,曹也。

偽周延州敦化府兵曹參軍張士龍墓誌。

摻,橾,操也。

一隋口突婆墓誌,二隋茍君夫人宋氏墓誌。

五歌

耕,科也。

唐郟鄏府司馬杜才墓誌。
扡，拖也。
隋中散大夫口公静墓誌。
知，和也。
隋宗衛長史楊暢墓誌。
𤪌，磨也。
魏青州刺史元瞱墓誌。

六麻

鈥、鈥，斜也。
一魏平南府功曹參軍元茂墓誌，二唐歙州司馬來僧墓誌。
嗟，嗟也。

唐趙州長史孟貞墓誌。

華、華、華、華、華、華、華、華、華、華、華，華也。

一魏雍州刺史王翊墓誌，二魏寇偘哲墓誌，三魏司空穆紹墓，四、五魏處士王基墓誌，六魏奉朝請梁邕墓誌，七隋宮人徐氏墓誌，八隋禮部侍郎陳叔明墓誌，九隋燕王府錄事殷夫人墓誌，十唐處士梁凝達墓誌，十一唐張騷墓誌，十二唐邕州都督陸君夫人元氏墓誌。

洼，洼也。

唐范相墓誌。

遐，遐也。

唐王孝瑜并夫人孫氏墓誌。

家，家也。

隋徐州總管爾朱敞墓誌。

瓜，衣，苽，瓜也。

一隋參軍張禮墓誌，二隋禮部侍郎陳叔明墓誌，三唐建陵縣令席泰墓誌。

葩，葩也。

唐順義郡錄事參軍侯方墓誌。

七陽

陽，陽也。

唐李如願墓誌。

傷，傷也。

齊平原縣令張明府楊夫人墓誌。

[酉昜]，觴也。
魏汶山侯吐谷渾璣墓誌。
梁，梁也。
唐蓋贇君妻孫夫人墓誌。
慶、慶、慶、慶、慶也。
一偽周金花府司馬張達墓誌，二偽周明威將軍王建墓誌，三偽周張道墓誌，四偽周隴西成紀郡李夫人墓誌，五唐楊公夫人張氏墓誌。
壃，疆也。
魏恒州刺史韓震墓誌。
镸，長也。
唐張騷墓誌。

襄襄也。

魏河州刺史乞伏寶墓誌。

祥祥祥也。

一魏洛州刺史長孫史君墓誌，二唐蒲江縣令蕭慎墓誌。

將將也。

唐新城府別將張翼墓誌。

望望望望也。

一唐陜州司户張君陳夫人墓誌，二唐孫君墓誌，三唐宮官司設墓誌。

牆牆牆也。

一僞周明威將軍王建墓誌，二唐張伽墓誌。

媚，孀也。

魏任城王元彝墓誌。

壬，王也。

隋裴逸墓誌。

裳，裳也。

唐涿郡張夫人墓誌，又唐處士張義墓誌。

唐，唐，唐也。

一僞周離狐縣丞高像護墓誌，二唐封州司馬

董力墓誌。

當，當也。

僞周延州敦化府兵曹參軍張士龍墓誌。

翔，翔也。

偽周猗氏縣令高隆基墓誌。

罰，剛也。

唐范陽令楊基墓誌。

網，綱也。

唐左監門衛大將軍白知新墓誌。

昻，昂也。

唐韓承墓誌。

桒、桒、桒，桑也。

一偽周常德墓誌，二唐邕州都督陸君夫人元氏墓誌，三唐宣節尉張萬善墓誌。

䘮，喪也。

偽周文安縣令王德表墓誌。

羌、羌也。
　唐楚州司馬桓歸秦墓誌。
黃、黃也。
　僞周明威將軍王建墓誌。
芒、芒也。
　唐處士張師墓誌。
莭、浝、茫也。
　一唐處士田君彥墓誌，二唐司農主簿盧友度
　墓誌。
臧、臧也。
　隋奉車都尉段瑋墓誌。
囊、囊也。

唐鄭法明夫人李氏墓誌。

姜姜也。

魏廣州長史寇君夫人姜氏墓誌。

八庚

庚庚也。

偽周承奉郎吳續墓誌，又唐汝州司馬苗善物

墓誌。

彭彭也。

唐殤子王烈墓誌。

莫英、英、英也。

一隋燕王府錄事段夫人墓誌，二唐騎都尉王

氏故妻墓誌，三唐張騷墓誌。

𠛬，荆也。
魏懷朔鎮都大將叔孫協墓誌。

朙、朙，明也。
一齊泉郡王劉悦墓誌，二唐封州司馬董力墓誌。

石，名也。
隋朝散大夫王世琛墓誌。

羕，美也。
唐楚州司馬桓歸秦墓誌。

乓，兵也。
魏元則墓誌。

勍，勍也。

唐韓君潘夫人墓誌。

迎，迎，也。

唐貝州臨清縣令王宏墓誌。

甿，甿，也。

唐東光縣令許行本墓誌。

鸎，鸎，鶯，也。

一唐曹州刺史杜昭烈墓誌，二唐高夔墓誌。

𧘂，𧘂，旌，也。

一魏洛州刺史元龍墓誌，二魏高平剛侯元嵩墓誌。

𥁰，盈，盈，也。

一晉沛國相張朗墓碑，二魏汶山侯吐谷渾璣

墓誌。

搕，搕也。

唐文林郎王貞墓誌。

瀛，瀛也。

唐新安縣令張炅墓誌。

纓，纓也。

魏華州刺史丘哲墓誌。

貞，貞也。

唐郟鄏府司馬杜才墓誌。

殸，殸，聲也。

魏雍州刺史李挺墓誌。

泓，泓也。

唐王夫人墓誌。

瓆、瓆、瓊、瓊也。

一隋宗衛長史楊暢墓誌，二隋長陵縣令盧文搆墓誌，三唐彭義墓誌，四唐王惠墓誌。

九青

經、經、經也。

一隋張儉胡夫人墓誌，二唐定城尉屈澄墓誌。

涇、涇也。

魏正平太守元仙墓誌。

庭、庭、庭、庭也。

一偽周魏州莘縣尉王君夫人成氏墓誌，二唐江華郡太守和守陽墓誌，三唐度支郎中彭君夫人侯氏墓誌，四唐龍標縣令崔志道墓誌。

迋，廷也。隋禮部侍郎陳叔明墓誌。

停，停也。唐呼論縣公□陁墓誌。

靈、靈、靈、靈、靈，靈也。一魏元公夫人薛氏墓誌，二魏新興王元弼墓誌，三符盛胡夫人墓誌，四唐鄭州刺史魏愨墓誌，五僞周文林郎楊訓墓誌。

齡，齡也。唐光祿寺少卿王子麟墓誌。

形，形也。

唐驃騎將軍孫遷墓誌。

澪、霝、覂、零也。

一唐李如願墓誌，二唐王楷墓誌又唐平棘縣公紇干承基墓誌，三唐路君夫人陳氏墓誌。

㝠、𡨧、𡧯、冥也。

一魏任城王元彝墓誌，二唐武騎尉楊寶墓誌。

局、扃、扃、扄、扃也。

一魏馮邕妻元氏墓誌，二隋屯田侍郎柳君夫人蕭氏墓誌，三隋禮部侍郎陳叔明墓誌，四唐安定胡質墓誌。

埛、坰也。

唐處士張義墓誌，又唐張寶墓誌。

十蒸

承、承也。

魏章武王元彬墓誌。

烝、烝、丞、丞也。

一隋武鄉縣令劉寶墓誌，二唐新鄉縣令王順孫墓誌，三僞周水衡監丞王貞墓誌。

陵、陵、陵也。

一隋夫人禮氏墓誌，二唐范陽令楊基墓誌。

繩、繩也。

唐頼川陳處士夫人甯氏墓誌。

乘、乘、乘也。

一隋夫人禮氏墓誌，二唐奉車都尉段瑋墓誌。

仍、仍、仍也。

一魏青州刺史元湛墓誌、二魏閻儀同墓誌。

澂、澂也。

唐霍夫人墓誌。

徴、徴、徵也。

一魏河州刺史乞伏寶墓誌、二魏大統僧令法師墓誌。

凝、凝、凝也。

一魏孝廉奚真墓誌、二魏白水太守元平墓誌。

興、興也。

唐蘭陵蕭夫人墓誌。

秤、稱、稱也。

一魏建城侯山嶶墓誌，二隋宮人五品司仗程
氏墓誌。
膺，膺也。
魏任城王元彝墓誌。
憑，憑也。
隋扶溝縣令郭君墓誌。
崩、崩，崩也。
一唐上柱國李起墓誌，二唐靖千年墓誌，又唐
賈璇墓誌。
朋，朋也。
唐雲麾將軍齊子墓誌，又唐處士張仁墓誌，又
唐魏王府廄牧丞路徹墓誌。

鵬，鵬，鵬也。

一唐兵部常選張孝節墓誌，二唐門下坊錄事張相墓誌。

騰，騰也。

僞周嶲州刺史許公夫人王氏墓誌。

十一尤

劉，劉也。

魏雍州刺史王翊墓誌。

畱，畱，留，留也。

一魏太常少卿元璨墓誌，二唐上柱國張和墓誌，三唐慶王府典軍江璀墓誌。

猷，猷，猷也。

一唐七品亡宮誌文，二僞周金花府司馬張達墓誌。

猶，猶也。

隋夫人禮氏墓誌，又内承奉劉則墓誌。

凼，幽也。

唐長城縣尉李公夫人裴氏墓誌。

悠，悠也。

唐元子上妻鄭氏墓誌。

遊，游也。

魏大宗正丞元斌墓誌。

侑、循、偖，脩也。

一晉處士成晃碑，二魏東阿縣公元順墓誌，三唐柳公權書金剛經。
唐興州司馬王遊藝墓誌。
羞,羞也。
柔,柔,采,柔,柔也。
一魏世宗宣武帝李嬪墓誌,二魏丘君命婦鮮于氏墓誌,三隋張儉胡夫人墓誌,四僞周許行本夫人崔氏墓誌。
収,収,收也。
一魏平南府功曹參軍元茂墓誌,二魏平州刺史元靈曜墓誌。
擨,摉,搜也。
一魏肆州刺史和邃墓誌,二魏長平縣男元液

墓誌。

簑，裘也。

唐冠氏縣令崔羨墓誌。

筹，籌也。

唐陝州司户張君陳夫人墓誌。

仇，仇也。

唐王孝瑜并夫人孫氏墓誌。

揪，楸也。

隋燕王府錄事殷夫人墓誌。

浮，浮也。

一隋虎賁郎將鄧昞墓誌。二隋扶溝縣令郭君

墓誌。

䜿，謀也。

隋正議大夫口緊墓誌。

⿰午，牟也。

唐柳公權書金剛經。

⿰娄，樓也。

唐高道不仕房有非墓誌。

⿵冂周，周也。

偽周魏州華縣尉王君夫人成氏墓誌。

十二侵

⿰亻侯，侵也。

唐宮官司設墓誌。

⿳彐寸，尋也。

魏秦州刺史元寶月墓誌。

臨、臨也。

偽周朝議大夫南郭生墓誌。

沈、疣、沆、沈也。

一隋肥鄉令蕭翹墓誌，二唐左衛翊衛陳思墓誌，三偽周襄州刺史許公夫人王氏墓誌。

㴱、深、深、深也。

一隋車騎將軍金行舉墓誌，二隋夫人禮氏墓誌，三唐宮官司設墓誌。

騣、騣也。

偽周孫師岐墓誌。

森、森也。

魏奉朝請梁邕墓誌。
琹，琴也。
唐寍州刺史裴撝墓誌。
衾，衾也。
唐清河張毖墓誌。
音，音也。
魏雍州刺史李挺墓誌。
鍼，鍼也。
唐長城縣尉李公夫人裴氏墓誌。
箴，箴也。
唐太子賓客崔孝公墓誌。
銀、欽，欽也。

一魏恒州刺史韓震墓誌陰，二唐封州司馬董力墓誌。

陰、陰、陰、陰，陰也。

一魏元公妻薛夫人墓誌，二魏司空府參軍事元馗墓誌，三隋處士劉多墓誌，四唐王明墓誌。

簪、簪、簪、簪，簪也。

一隋虎賁内郎將闞明墓誌，二隋宫人司言楊氏墓誌，三唐處士王通墓誌，四唐龍游縣尉索義弘墓誌。

十三覃

潭，潭也。

唐光禄寺少卿王子麟墓誌。

喿、叅、參也。
一隋宗衛長史楊暢墓誌，二唐國子司業開休元墓誌。

南、南、南也。
一魏恒州別駕元保洛墓誌，二隋符盛胡夫人墓誌。

含、含、含也。
唐高道不仕房有非墓誌。

男、男也。
唐禹城縣令李庭訓墓誌。

函、函、函也。
一僞周上騎都尉李琮墓誌，二唐内寺伯成忠

墓誌。
堪，堪也。
齊冠軍將軍陽昕墓誌。
䏶，肼也。
唐禹城縣令李庭訓墓誌。
十四鹽
塩、塩、塩，鹽也。
一隋右武候大將軍范安貴墓誌，二唐楊佰隴墓誌，三唐冀州參軍張口本墓誌。
簷，簷也。
唐太宗書温泉銘。
詹，詹也。

魏王悅郭夫人墓誌。

蟾,蟾也。

僞周亡宮墓誌。

纎,纖也。

唐潁川陳處士夫人甯氏墓誌。

渰,淹也。

一唐光祿寺少卿王子麟墓誌,二唐張才墓誌。

黚,黔也。

唐雲麾將軍齊子墓誌。

潜,潛也。

唐蔣王府參軍王覽墓誌。

瞻,瞻,瞻也。

一唐南陽居士韓神墓誌，二僞周白水縣令孔元墓誌。

巖，嚴也。

唐右戎朔衛徐買墓誌。

十五咸

銜，銜也。

唐朱光宙墓誌。

監，監也。

唐武騎尉楊寶墓誌。

巖，巖也。

唐太宗書溫泉銘。

上聲

一董

緫、揔、捴、傯、惣、揔、總也。

一魏雍州刺史元暉墓誌，二魏奉朝請梁邕墓誌，三偽周常州司法參軍柳君太夫人杜氏墓誌，四唐驍騎尉皇甫璧墓誌，五唐涇州陰盤縣尉周義墓誌，六唐延王府戶曹丁韶墓誌。

二腫

攏、攏也。

隋裴逸墓誌。

隴、隴也。

魏章武王元融墓誌。

勇、勇、勇、勇、勇也。

一魏廣州長史寇君夫人姜氏墓誌，二唐寍州刺史裴撝墓誌，三唐張才墓誌。

冡，冢也。

魏李夫人墓誌。

⿰彳耳，聳也。

魏頴川太守穆纂墓誌。

⿱⿰工乙心，恐也。

唐樂達墓誌。

翆，翬也。

唐楊佰隴墓誌。

四紙

毁、毁、毀、毇、毀也。

一隋口突婆墓誌，二唐洛陽縣記室參軍樂恭墓誌，三唐洪州法曹參軍鄭君夫人万俟氏墓誌，四唐邕州都督陸君夫人元氏墓誌，五唐仙州别駕張仁方墓誌。

従，從也。

唐將陵縣令張伯墓誌。

屣、屣，屣也。

一唐裴逸墓誌，二唐處士梁凝遠墓誌。

迬，邇也。

魏章武王元融墓誌。

羡，美也。

唐定襄縣令張楚璋墓誌。

𡣕,媺也。

唐幽州軍經畧軍節度副軍翟銳墓誌。

篕,籃也。

偽周處士崔德墓誌,又偽周處士張元墓誌。

畧、略,畧也。

一唐張騷墓誌,二唐靖千年墓誌。

頣、顧,頤也。

一魏皇內司口光墓誌,二苟君夫人宋氏墓誌。

从,以也。

唐孔桃栓墓誌。

裹、裛,裏也。

一魏南岐州刺史張盈墓誌,二魏丘君命婦鮮

于氏墓誌。

鯉，鯉也。

唐王夫人墓誌。

蟻，蟻也。

唐郟鄏府司馬杜才墓誌。

鄙，鄙也。

唐婺源縣令范仙嶠墓誌。

齒，齒也。

唐車謣妻侯氏墓誌。

耻，耻也。

唐洋州長史王震墓誌。

祉，祉也。

唐蒲江縣令蕭慎墓誌。

五尾

豈、豈也。

唐張才墓誌。

㡯、㡯也。

唐東光縣令許行本墓誌。

六語

脊、擠、脤、膂也。

一魏定州刺史元周安墓誌，二隋右武候大將軍范安貴墓誌，三隋車騎將軍爾朱端墓誌。

裿、旅也。

魏孝廉奚真墓誌。

与、𦦶、与、與也。

一魏雍州刺史王翊墓誌，二齊泉郡王劉悅墓誌，三唐許州司馬楊孝弼墓誌。

女、女也。

唐大理正喬公夫人馮氏墓誌。

鼠、鼡、鼠也。

一唐張善墓誌，二唐處士王通墓誌。

泰、泰也。

唐上柱國成君墓誌。

處、處也。

魏汶山侯吐谷渾璣墓誌。

所、所也。

魏王悅郭夫人墓誌。

擧，舉也。

唐司農主簿盧友度墓誌。

敍，叙也。

隋正議大夫□緊墓誌。

七麌

穻、宇，宇也。

一魏元誕墓誌，二魏孝廉奚真墓誌。

組，組也。

唐張伽墓誌。

府，府也。

唐鄆州參軍胡寶墓誌。

䏖、𦚱、䔕、蒱也。

一魏晉州刺史元信墓誌，二隋洛州從事郭寵墓誌，三唐李如願墓誌。

輔、輔也。

唐陪戎校尉趙巨墓誌。

瞴、膴也。

僞周洛陽宫總監褚君夫人王氏墓誌。

儛、舞也。

隋正議大夫口緊墓誌。

縷、縷也。

唐楊氏馬夫人墓誌。

俛、俛也。

唐許士端墓誌。

虜、虜、虜也。

一魏廣州長史寇君夫人姜氏墓誌，二隋中散

大夫口公静墓誌。

㐅、五也。

隋正議大夫口緊墓誌。

袓、祖也。

唐都總監丞張公夫人吉氏墓誌。

𡈽、土也。

唐柳公權書金剛經。

虎、虎、虎也。

一魏定州刺史元周安墓誌，二隋正議大夫口

緊墓誌。

㝡聚、聚、聚也。

一僞周明威將軍王建墓誌，二唐杭州司戶呼延君夫人張氏墓誌，三唐鉅野縣令李瓘墓誌。

八薺

禮、禮、禮也。

一齊員外郎馬少敏墓誌，二唐許州司馬楊孝弼墓誌。

體、體、體也。

魏秦州刺史元寶月墓誌。

啓、啟、啓、啓、啟也。

一魏建城侯山徽墓誌，二齊上洛縣男元子邃

墓誌，三隋長陵縣令盧文搆墓誌，四隋屯田侍郎柳君夫人蕭氏墓誌。

十賄

凱，凱也。唐廣陵郡海陵縣丞張俊墓誌。

攺，改也。唐張騷墓誌。

載，載也。魏洛州刺史長孫史君墓誌。

十一軫

診，診也。唐張寶墓誌。

慜,敏,敏也。
一魏大統僧令法師墓誌,二唐平棘縣公紇干承基墓誌。
北,牝也。
唐奉車都尉段瑋墓誌。
引,引也。
唐汝陰郡司法參軍姚希直墓誌。
準,凖,準也。
一唐太常寺大樂令暢昉墓誌,二唐騎都尉張玄景墓誌。
朕,朕也。
魏清水太守楊乾墓誌。

十二吻

藴,蘊也。

唐張伽墓誌。

隱,隱也。

唐泗州刺史趙本質妻溫氏墓誌。

齔,齔,齔,齓,齓,齓也。

一魏元氏趙夫人墓誌,二魏杜傅母銘,三魏司空公元瞻墓誌,四魏清水太守楊乾墓誌,五唐趙妻麴墓誌,六唐長安縣尉柴氏妻范陽盧氏墓誌。

十三阮

逺,遠也。

唐趙州長史孟貞墓誌。

傻、偃也。

魏始平公元偃墓誌。

苑、苑也。

偽周水衡監丞王貞墓誌。

晚、晚也。

隋肥鄉令蕭翹墓誌、又唐新鄭縣令劉文墓誌。

挽、挽也。

魏輕車將軍元盜墓誌。

琬、琬也。

唐騎都尉郭義本墓誌。

袞、袞、袞也。

一唐尚書右丞倪泉墓誌，又唐處士李繼叔墓誌，二唐交州都督府參軍樊玄紀墓誌。

閫，閫也。

唐嬀泉府左果毅都尉陳秀墓誌。

閫、閫，壼也。

一隋宮人司言楊氏墓誌，二僞周文林郎楊訓墓誌。

墾，墾也。

唐沙州龍勒府果毅都尉張方墓誌。

十四　旱

罕、罕，罕也。

一隋徐州總管爾朱敞墓誌，二唐田仁墓誌。

浣,浣也。

唐京兆王氏妻崔夫人墓誌。

但,但也。

唐柳公權書金剛經。

誕,誕,誕也。

一唐樂達墓誌,二唐東陽縣令桑貞墓誌。

滿,滿也。

偽周隴西成紀郡李夫人墓誌。

十六銑

顯,顯,顯也。

一晉沛國相張朗墓碑,二魏關西十州臺使郭

顯墓誌。

踐、踐、踐也。

一唐相州刺史賀蘭務温墓誌，二唐處士餘當墓誌。

碥、碥也。

唐張才墓誌。

演、演、演也。

一魏汶山侯吐谷渾璣墓誌，二僞周張道墓誌。

展、展也。

唐游擊將軍劉盛墓誌，又唐上騎都尉王傑墓誌。

辯、辯也。

隋宫人司言楊氏墓誌。

汈、洒也。

唐尚書吏部郎中張仁禕墓誌。

窸、究、究也。

一唐禹城縣令李庭訓墓誌，二唐慕容氏女墓誌。

歼、殅、舛也。

一魏齊郡王元簡墓誌，二唐國子司業開休元墓誌。

篆、篆也。

魏頴川太守穆纂墓誌。

寃、勉、冕、冕、冕也。

一魏張盧墓誌，二唐游擊將軍吳孝墓誌，三唐上柱國李起墓誌，四唐龍游縣尉索義弘墓誌。

十七篠

肈，肇也。

隋肥鄉令蕭翹墓誌。

蓼，蓼也。

僞周文安縣令王德表墓誌。

表，𧘝，表也。

一魏丘君命婦鮮于氏墓誌，二隋符盛胡夫人墓誌。

十九皓

老，老也。

唐同州華池府別將李琦墓誌，又唐定襄縣令

張楚璋墓誌。

𦡀、腦也。

唐韓王府兵曹陸紹墓誌。

考、考也。

唐桂州刺史孫成墓誌。

嶋、島島也。

一魏司空公元瞻墓誌、二唐棗強縣令裴同墓誌。

藻、藻也。

唐建陵縣令席泰墓誌。

棗、棗、棗、棗棗也。

一唐魏州司法參軍元素墓誌、二唐亳州錄事

參軍崔公夫人墓誌，三唐青州司倉參軍趙克廉墓誌。

寶，寶也。唐永王府錄事參軍盧自省墓誌。

早，早也。

唐呼論縣公口陁墓誌。

二十四

我，我也。

晉沛國相張朗墓碑。

朶，朶也。

唐薛王傅司馬銓墓誌。

璅，璅也。

魏東阿縣公元順墓誌。

禍、禍、禍、禍、禍、禍、禍、也。

一隋蔣國公屈突通墓誌，二偽周伊州刺史衛義整墓誌，三偽周延州敦化府兵曹參軍張士龍墓誌，四唐司僕寺長澤監王及德墓誌，五唐新鄉縣令王順孫墓誌，又唐杜師廓墓誌，六唐處士李强友墓誌。

二十一馬

馬、馬也。

齊員外郎馬少敏墓誌。

野、野也。

偽周孫師歧墓誌。

擯、櫝、也。

隋燕王府錄事段夫人墓誌。

憂、夏、也。

唐房有非尚夫人墓誌。

履、屨、也。

唐雲麾將軍齊子墓誌。

寫、寫、也。

唐驍騎尉宋義墓誌。

宜、寡、也。

唐上柱國李起墓誌。

二十二養

壤、壞、褱、壞、壞、褱、也。

一唐安南都護府長史杜忠良墓誌，二唐張敞墓誌，三唐仇君夫人袁氏墓誌。

象、象、爲、爲、象也。

一僞周陳州司馬成君夫人耿氏墓誌，二唐亡宮八品墓誌，三、四僞周白水縣令孔元墓誌。

兩、兩、兩也。

一齊武陽令張君妻蘇夫人等墓誌，二僞周金池府折衝都尉楊亮墓誌。

髣、髣也。

唐婺源縣令范仙嶠墓誌。

塽、爽、爽也。

一隋參軍張禮墓誌，二唐武騎尉楊寶墓誌。

叏，罔也。
晉沛國相張朗墓碑。
𨓆、𨓆，往也。
隋處士劉多墓誌。
曩、曩、曩、曩，曩也。
一隋裴逸墓誌，二唐萬州司法參軍王韶墓誌，
三唐織染署令王君妻張氏墓誌。
讜，讜也。
魏東阿縣公元順墓誌。
蔣，蔣也。
魏趙郡貞景王元謐墓誌。
二十三梗

彔、彔、隶也。

一隋張達墓誌，二唐翊府中郎將李懷墓誌，又唐鄧夫人墓誌。

猛、猛、猛也。

一梁梁坦墓誌，又僞周承奉郎吳續墓誌，二唐上柱國李起墓誌，三唐處士張海墓誌。

整、整、整也。

一魏王悦郭夫人墓誌，二唐大理評事鄭公夫人盧氏墓誌。

頬、頴、頴也。

隋虎賁郎將鄧昞墓誌，又唐清河張毖墓誌。

頛、頼也。

合遺 五十五

唐太子詹事源光乘墓誌。

湏，頃也。

唐上柱國趙君墓誌。

二十四迴

逥、逥、迴，迴也。

一僞周明威將軍王建墓誌，二唐靖千年墓誌，三唐桂州都督府倉曹許義誠墓誌。

頂，頂也。

唐高道不仕房有非墓誌。

鼎、鼎、鼎、鼎、鼎、鼎、鼎，鼎也。

一魏青州刺史元曦墓誌，二魏華州刺史丘哲墓誌，三魏相州刺史元宥墓誌，四隋豆盧宮人墓誌，五周武騎司馬梁嗣鼎墓誌，六唐山陽縣令張君夫人翟氏墓誌，七唐王進墓誌，八唐齊府直司楊晟墓誌。

挺、梃、挺、挺、挺也。一魏章武王元融墓誌，二齊平原縣令張明府楊夫人墓誌，三隋左龍驤驃騎王協墓誌，四唐王逸墓誌。

極、極、拯也。一唐衛尉寺丞柳順墓誌，二唐澧州司戶參軍卜元簡墓誌。

等、等也。魏青州刺史元湛墓誌。

五十六

二十五有

有，有也。

魏奉朝請梁邕墓誌。

犮，友也。

唐許州司馬楊孝弼墓誌。

杅，朽也。

唐信義府右果毅都尉韓邏墓誌。

媀，偶也。

唐壽張縣令盧含墓誌。

皀，阜也。

隋禮部侍郎陳叔明墓誌。

藪，藪也。

唐喬崇敬墓誌。

各，咎也。

唐薛王府兵曹王令墓誌。

牗，牖也。

唐昭成觀張尊師墓誌。

⿰禾禺，耦也。

唐康君夫人曹氏墓誌。

後、後，後也。

一隋符盛胡夫人墓誌，二唐張伽墓誌。

畒、畋，畝也。

一魏大覺寺元尼墓誌，二僞周明威將軍王建墓誌。

升，斗也。

唐寍州刺史裴攜墓誌。

叟，叟也。

唐上開府董葵墓誌。

壯，壯也。

隋車騎將軍爾朱端墓誌。

厚，厚也。

晉處士成晃碑。

二十六寢

寑，寑，寢也。

一魏洛州刺史長孫史君墓誌，二唐趙妻𪎊墓誌。

扰,枕也。

隋燕王府錄事段夫人墓誌。

稟,稟,稟,稟,稟,廪,稟也。

一皇內司口光墓誌,二魏洛州刺史元廣墓誌,三唐給事中韓思墓誌,四唐邕禪師塔銘,五僞周孫師岐墓誌,六唐處士任通墓誌。

懔,懍也。

隋屯田侍郎柳君夫人蕭氏墓誌。

二十七感

闇,闇也。

唐盜州刺史裴撝墓誌。

膽,膽也。

唐張夫人墓誌。

二十八儉

苒，苒也。

唐張善墓誌。

奄，奄也。

一唐封明府夫人崔氏墓誌，二唐處士樊端墓誌。

掩，掩也。

唐龍游縣尉索義弘墓誌。

儼，儼也。

魏青州刺史元湛墓誌。

二十九豏

范,范也。

魏充華嬪盧氏墓誌。

去聲

一送

玤,弄也。

魏河州刺史乞伏寶墓誌。

椌,控也。

隋橋紹墓誌。

揀,棟也。

魏于君妻和夫人墓誌。

痛,痛也。

魏廣州長史寇君夫人姜氏墓誌。

夢、夢、夢也。

一隋徐州總管爾朱敞墓誌，二偽周明威將軍王建墓誌。

眾、衆、衆、衆也。

一魏安西將軍元朗墓誌，二隋宮人司言楊氏墓誌，三唐許士端墓誌。

二宋

宋、宋、宋也。

隋符盛胡夫人墓誌。

誦、誦、誦也。

唐國子司業開休元墓誌。

三絳

降、降、降、降也。

一魏平南府功曹參軍元茂墓誌，二魏貴華恭夫人墓誌，三魏司空穆紹墓誌。

四寘

寘、寘也。

隋車騎將軍爾朱端墓誌。

累、累也。

唐泗州司馬苗善物墓誌。

智、智、智也。

一魏太常少卿元璨墓誌，二唐同州華池府別將李琦墓誌。

媢、媢也。

唐處士張師墓誌。

遂、遂也。

隋明雲騰墓誌。

頪、類也。

唐邕州都督陸君夫人元氏墓誌。

淚、淚也。

魏南岐州刺史張盌墓誌。

亶、戀也。

魏豫州刺史李簡子墓誌。

囟、自也。

魏博陵元公故李夫人墓誌。

俻、俻、偹、備、備、備也。

一偽周涇縣尉杜君夫人孫氏墓誌，二唐文林郎仵願德墓誌，三唐處士王延墓誌，四唐太子右庶子劉卅墓誌，五唐贈祕書監李邕墓誌。

貳貳、貳、貳、貳、貳、貳也。

一魏司空公元瞻墓誌，二隋蔣國公屈突通墓誌，三唐鄭法明夫人李氏墓誌，四唐高道不仕房有非墓誌，五唐詹事司直張椅墓誌。

饋、饋、饋也。

一唐嬀泉府左果毅都尉陳秀墓誌，二唐夫人高氏墓誌。

棄、棄也。

唐給事郎韓思墓誌。

萛、萛、萛、冀也。

一周扶風郡公主墓誌，二唐韓節墓誌，三唐王曉夫人崔氏墓誌。

泿、次也。

魏恒州刺史韓震墓誌陰。

懿、懿、懿、懿也。

一魏世宗宣武皇帝李嬪墓誌，二唐范陽令楊基墓誌，三唐兖州瑕丘縣丞馬君夫人董氏墓誌。

臯、鼻也。

唐許州司馬楊孝弼墓誌。

熾、熾也。

唐開府右尚令王仁則墓誌。

賜、賜、賜也。

一隋符盛胡夫人墓誌、二唐游擊將軍吳孝墓誌。

嗣、嗣、嗣、嗣、嗣也。

一齊上洛縣男元子邃墓誌、二唐山陽縣令任君夫人翟氏墓誌、三唐太常寺主簿孫君墓誌。

呰、眦也。

唐朔方軍總管李信墓誌。

笥、笥也。

唐新鄉縣令王順孫墓誌。

五未

謂、謂也。
唐上開府董癸墓誌。
魏、槐、魏也。
一魏元氏趙夫人墓誌，二魏始平公元偃墓誌。
彙、彙也。
魏雍州刺史李挻墓誌。
渭、渭、渭也。
一唐新城府别將張翼墓誌，二唐尚書右丞倪
泉墓誌。
旣、旣、旣、旣、旣也。
一唐元子上妻鄭氏墓誌，二、三僞周上柱國高
邈墓誌，四唐沈士公墓誌。

毅、殺、毅也。
一魏安西將軍元朗墓誌，二魏南岐州刺史張盜墓誌。
气、氣也。
隋正議大夫口緊墓誌。

六御

馭、馭也。
齊員外郎馬少敏墓誌。
厺、去也。
唐祕書省箸作佐郎崔衆甫墓誌。
庶、譙、庻、度也。
一魏雍州刺史王翊墓誌，又唐河南慕容曉墓

誌，又唐毛文通墓誌，二唐趙妻麴墓誌，三唐毛鳳敬墓誌。

遽、遽、遽、遽、遽、遽、遽也。

一齊泉郡王劉悅墓誌，二唐奉車都尉段璋墓誌，三唐蒲江縣令蕭慎墓誌，四唐陪戎校尉趙巨墓誌，五唐楊達墓誌，六唐故田夫人墓誌。

據，據也。

唐段璋墓誌。

預，預也。

僞周文林郎路巖墓誌。

助，助也。

唐高道不仕房有非墓誌。

譽、譽也。

魏王悅郭夫人墓誌。

七遇

樹、樹也。

隋宗衛長史楊暢墓誌。

袝、祔也。

唐臨清縣令王君妻李氏墓誌。

猼、獳也。

唐蘭陵蕭夫人墓誌。

露、露也。

唐韓節墓誌。

懼、懼也。

僞周左衛翊衛沈浩禕墓誌。

傍,傅也。

唐沈士公墓誌。

屡,屢也。

墓,墓也。

魏東阿縣公元順墓誌。

慕,慕也。

隋宮人徐氏墓誌。

菟、菟,冤也。

魏章武王元融墓誌。

一僞周掌思明銘,又唐呼論縣公口陁墓誌,二

唐張弘秀墓誌。

頋、顧、顧也。
一魏河州刺史乞伏寶墓誌，二隋朝散大夫王
世琛墓誌。
𥿋、𥾝、素、素也。
一魏潁川太守穆纂墓誌，二隋扶溝縣令郭君
墓誌，三唐無錫縣令楊君夫人王氏墓誌。
庳、庫也。
隋內承奉劉則墓誌。
蠧、𧑅、蠹也。
一唐處士李繼叔墓誌，二唐許州司馬楊孝弼
墓誌。
謢、護也。

唐詹事司直張椅墓誌。

誶，訢也。

唐汾州崇儒府折衝鄭仁頴墓誌。

祚，祚也。

唐游擊將軍吴孝墓誌。

數、數、數，數也。

一、二隋長陵縣令盧文搆墓誌，三魏東阿縣公元順墓誌。

八霽

霽，霽也。

唐劉夫人墓誌。

濟，濟也。

唐殿中侍御史張翔墓誌。

啇、帝也。

唐上開府董葵墓誌。

苐、第也。

唐宣州叅軍許堅墓誌。

𣻟、涕也。

魏雍州刺史王翊墓誌。

締、締也。

唐延王府戶曹丁韶墓誌。

逓、遞、遞也。

一隋處士劉多墓誌，二唐處士范重明墓誌。

逮、建、逮也。

一唐汜水縣丞邢倨妻景氏墓誌，二唐管城縣令楊璡墓誌。

聓，壻也。

唐潞府參軍裴君夫人陽氏墓誌。

例，例也。

魏河州刺史乞伏寶墓誌。

[亻迷]，繼也。

唐上騎都尉李琮墓誌。

奚，傒，系也。

一魏王悅郭夫人墓誌，二魏孝廉奚真墓誌。

翳，翳也。

魏伏君妻咎氏墓誌。

嫕、嫕、嫛、瘱也。
一唐織染署令王君妻張氏墓誌，二唐處士王延墓誌，三唐亡宮八品墓誌。

憓、惠也。
隋韓城縣令白仵貴墓誌。

镸、戾也。
魏平陽縣公元恭墓誌。

𨽻、隸也。
唐麟趾觀三洞大德張法師墓誌。

嵗、嵗、歲也。
一隋武鄉縣令劉寶墓誌，二唐龍游縣尉索義弘墓誌。

衛、衛也。

魏平陽縣公元恭墓誌。

弊、蔽、蔽、蔽也。

一魏孝廉奚真墓誌，二唐文林郎王貞墓誌，三

唐田仁墓誌。

製、製也。

魏李夫人墓誌。

噬、噬也。

齊泉城王劉悅墓誌。

筮、筮也。

唐汾陰縣丞李謂墓誌。

褒、褒、褒、褒、褒也。

一魏懷朔鎮都大將叔孫協墓誌，二隋平安郡守謝岳墓誌，三唐范相墓誌，四唐處士任道墓誌，又偽周康智墓誌，五唐靖君夫人墓誌。

瘗、瘞、瘞、瘞、瘞、瘞、瘞也。

一偽周三原縣令盧行毅墓誌，二唐張泉墓誌，三唐游擊將軍吴孝墓誌，四唐邕州都督陸君夫人元氏墓誌，五唐新鄭縣令劉文墓誌，六唐處士李繼叔墓誌。

蓺、藝、藝也。

一魏南岐州刺史張盌墓誌，二魏青州刺史元湛墓誌。

癘、厲也。

唐元君夫人來氏墓誌。
𢡱、悊也。
唐李三墓誌。
埶、勢也。
唐范陽令楊基墓誌。
九泰
𣲖、泰也。
魏華州刺史丘哲墓誌。
艾、艾也。
唐故夫人張氏墓誌。
㝛、害也。
魏東阿縣公元順墓誌。

會會也。
魏南平王元暐墓誌。
冣最也。
唐王孝瑜并夫人孫氏墓誌。
禘𥛱也。
梁梁垣墓誌。
頼賴也。
唐澧州司户參軍卜元簡墓誌。
十卦
派𣲖𣲖也。
一齊冠軍將軍陽昕墓誌，又唐張寶墓誌，二唐
將陵縣令張伯墓誌。

畫,畫也。

唐濟州司户參軍鄭攜墓誌。

戒,戒也。

唐車諤妻侯氏墓誌。

殗、蕪、薙、雈,薙也。

一魏雍州刺史元翊墓誌,二唐口忠墓誌,三唐贈綿州司馬白義贊墓誌,四僞周文林郎路巖墓誌。

十一　隊

載、戴、戴,戴也。

一齊冠軍將軍陽昕墓誌,二唐新鄉縣令王順孫墓誌。

對、對、對、對、對也。

一魏河州刺史乞伏寶墓誌、二唐封州司馬董力墓誌、三唐宣節尉張萬善墓誌、四唐騎都尉郭義本墓誌。

碎、碎也。

一魏相州刺史元宥墓誌。

退、退、退也。

一唐光祿寺少卿王子麟墓誌、二唐上柱國李起墓誌。

晦、晦、晦也。

一唐銅山縣尉楊承福墓誌、二唐張才墓誌。

十二震

進、進也。

唐上柱國李起墓誌。

愬、愬，愬也。

一魏長平縣男元液墓誌，二齊員外郎馬少敏墓誌。

晉、晉，晉也。

一魏關西十州臺使郭顯墓誌，二唐晉陵郡別駕倪彬墓誌。

釁、釁、釁、釁，釁也。

一魏平陽縣公元恭墓誌，二齊泉郡王劉悅墓誌，三唐樊氏六娘七娘九娘墓誌，四唐陪戎校尉趙巨墓誌。

迅，迅，迅也。

一魏頳川太守穆纂墓誌，二偽周韋城縣主簿

梁鎣墓誌。

峻，峻，峻，峻也。

一唐太子右庶子劉升墓誌，又唐文林郎仵願

德墓誌，二唐韓子墓誌，三唐武騎尉楊寶墓誌。

濬，濬也。

唐昭武校尉任德墓誌。

麐，麐也。

隋裴逸墓誌。

儁，儁也。

偽周蕭思一墓誌。

俊，俊也。

隋朝散大夫王世琛墓誌。

壙，殯也。

唐賈琁墓誌。

舜，舜也。

唐淮南郡太守慕容三藏墓誌。

驢，驢，鬢也。

一唐横野軍副使樊庭觀墓誌，二唐董師墓誌。

十三問

運，運也。

唐張夫人墓誌。

十四願

涸涸也。

唐邕府都督陸君夫人元氏墓誌。

曼曼也。

唐劉德閏墓誌。

遁遁也。

唐張鳳憐墓誌。

建建也。

隋平安郡守謝岳墓誌。

獻獻獻獻也。

一魏相州刺史元端墓誌，二魏太尉頓丘文獻公穆亮墓誌，三唐原城府別將裴銑墓誌。

憲憲也。

唐桂州刺史孫成墓誌。

⿰月逐,遯也。

唐潘君夫人牛氏墓誌。

十五翰

⿰𠦝⿱亼羽,翰也。

唐朱光宙墓誌。

⿰氵⿱𦰩大,漢也。

唐河陰縣主簿張濬墓誌。

⿱穴⿰耳乚,⿱穴⿰耳⿱𠂤乚,竄也。

一魏龍驤將軍檀賓墓誌,二魏司空公元瞻墓誌。

讃,讚也。

魏太常少卿元璨墓誌。

換、換、換也。

一唐安南都護府長史杜忠良墓誌，二唐曹州刺史杜昭烈墓誌。

亂、亂、亂、亂、亂、亂也。

一魏奉朝請梁邕墓誌，二唐魏州冠氏縣尉盧公夫人崔氏墓誌，三唐潁川陳處士夫人甯氏墓誌，四唐棗強縣令裴同墓誌，五隋侯宫人墓誌，六唐吏部選劉君妻高氏墓誌。

段、段也。

隋將仕郎段洽墓誌。

斷、斷、斷也。

一唐李君夫人墓誌，二唐騎都尉郭義本墓誌。

泮，泮也。

僞周文安縣令王德墓誌。

奐，奐也。

唐杭州司户呼延君夫人張氏墓誌。

渙，渙也。

唐宣義郎周紹業墓誌。

筭，筭，算也。

一僞周康智墓誌，二唐新鄉縣令王順孫墓誌。

十六諫

鷹，鴈也。

唐王孝瑜并夫人孫氏墓誌。

宦、宦也。唐翊衛大督羅端墓誌。

十七霰

䜩、醼也。齊武陽令張君妻蘇夫人等墓誌。

𦵔、燕也。魏司空公元夫人馮墓誌。

薦、薦、薦、薦也。一唐河陽縣丞龐表遠妻李氏墓誌，二僞周隴西成紀郡李夫人墓誌，三唐高望府果毅王敬墓誌。

檀、檀、擅也。

一隋茍君夫人宋氏墓誌，二隋橋紹墓誌。

彦、产彦也。

一唐張寶墓誌，二唐驃騎將軍孫遷墓誌。

皃，見也。

唐新城府別將張巽墓誌。

媛，媛也。

唐信王府士曹崔傑墓誌。

電，電也。

唐張寶墓誌。

眷，眷也。

唐太子詹事源光乘墓誌。

便，便也。

齊員外郎馬少敏墓誌。

變、變、變、變、變也。

一魏平州刺史元崇業墓誌、二僞周左衛勳一府勳衛元思亮墓誌、三僞周伊州刺史衛義整墓誌、四唐貝州臨清縣令王宏墓誌。

汴、汴也。

唐處士王寶墓誌、又唐闞君夫人王氏墓誌。

殿、殿也。

僞周太子左諭德裴咸墓誌。

十八嘯

嘯、嘯也。

唐張綱墓誌。

矅，曜也。
魏恒州刺史韓震墓誌陰。

儌，徼也。
僞周文州刺史陳察墓誌。

廟，廟也。
僞周康智墓誌。

咲，笑也。
唐李君夫人孟氏墓誌。

十九　效

𡥈，𡥉，孝也。
一魏晉陽男元孟輝墓誌，二博陵元公故李夫人墓誌。

豿，豹也。

唐安南都護府長史杜忠良墓誌。

貌，皀，貌也。

一魏處士王基墓誌，二隋荀君夫人宋氏墓誌。

二十號

儌，傲也。

唐上柱國趙君墓誌。

冐，冒也。

魏青州刺史元瞦墓誌。

竈，竈也。

魏雍州刺史李挺墓誌。

躁，躁也。

唐王進墓誌。

奥,舆也。

僞周太子左諭德裴咸墓誌。

二十一箇

卧,臥也。

唐柳公權書金剛經。

二十二禡

跨,跨也。

唐金谷府司馬權開善墓誌。

罷,罷也。

隋黎陽鎮將程鍾墓誌。

播,播也。

魏閭儀同墓誌。

射、射也。

齊泉城王劉悅墓誌。

二十三漾

漾、漾也。

齊襄城郡王高湝墓誌。

量、量、量、量也。

一隋左龍驤驃騎王協墓誌，二唐泗州司馬苗善物墓誌，三唐鄭州刺史盧翊墓誌。

壯、壯、壯也。

一魏長平縣男元液墓誌，二隋王紹仙墓誌。

相、相也。

偽周澤州司馬張玄封墓誌。

莽，葬也。

唐潘基墓誌。

⿱冖兵，亢也。

魏元誕墓誌。

⿰亻⿱冖兵，伉也。

魏長孫士亮妻宋氏墓誌。

⿰扌⿱冖兵，⿰扌⿱冖几，抗也。

一魏長平縣男元液墓誌，二唐新鄉縣令王順孫墓誌。

二十四敬

⿰至力，勁也。

唐河南慕容曉墓誌。

⿰目英、眏也。

隋燕王府錄事段夫人墓誌。

盂、孟也。

唐孟夫人趙氏墓誌。

抦、柄也。

魏奉朝請梁邕墓誌。

⿰足攵、政也。

唐宻州刺史裴撝墓誌。

鄭、鄭也。

僞周方山縣令申守墓誌。

⿰身甹、⿰身甹、聘也。

一唐封明府夫人崔氏墓誌，二唐新鄉縣令王順孫墓誌。

复，复也。

魏任城王元彝墓誌。

盛，盛也。

魏平州刺史元靈曜墓誌。

二十五徑

逕，徑也。

唐上柱國李起墓誌。

鄧，鄧也。

一齊泉郡王劉悅墓誌，二唐河内郡武德縣令楊岌墓誌。

二十六宥

祜，祐也。

晉沛國相張朗墓碑。

冐，胄，胄也。

一魏輕車將軍元寍墓誌，二魏閻儀同墓誌。

猫，貓也。

唐吏部選劉君妻高氏墓誌，又唐宣義郎周紹業墓誌。

貿，貿，貿也。

一唐新鄭縣令劉文墓誌，二唐處士餘當墓誌。

繆，繆也。

齊武陽令張君妻蘇夫人等墓誌。

舊、舊也。

魏于君妻和夫人墓誌。

柩、柩、柩、柩、柩也。

一隋虎賁郎將鄧昞墓誌，二隋扶溝縣令郭君墓誌，三僞周會州刺史公士尉神柩誌，又唐新安縣令張旻墓誌，四唐桂州都督府倉曹許義誠墓誌，五唐右臺侍御史王齊卯墓誌。

富、富也。

唐唐州刺史張思鼎墓誌。

壽、壽、壽也。

一隋張夫人墓誌，二唐楊佰朧墓誌。

寇、寇也。

隋扶溝縣令郭君墓誌。

茷、茂、茷、茂也。

一魏懷朔鎮都大將叔孫協墓誌，又唐鉅野縣令李璀墓誌，二唐國子司業開休元墓誌，三唐顏瓌墓誌。

構、構也。

唐度支郎中彭君夫人侯氏墓誌。

遘、遘也。

唐亡宮八品墓誌。

驟、驟也。

魏相州刺史元宥墓誌。

鏤、鏤也。

魏元誕墓誌。

二十七 沁

禁,禁也。

隋典綵六品朱氏墓誌。

甚,甚也。

唐歷城縣令庫狄通墓誌。

二十八 勘

澹,澹也。

唐處士樊端墓誌。

二十九 豔

塹,塹也。

魏平陽縣公元恭墓誌。

𤺊、厭也。
唐杜師廓墓誌。
贍、瞻也。
僞周方山縣令申守墓誌。
三十陷
陷、陷也。
唐朔方軍總管李信墓誌。
鋻、鑒、鑒也。
一唐驍騎尉皇甫璧墓誌，二唐處士樊端墓誌，
又唐口衛勳衛上護軍楊君墓誌。
監、監也。
僞周澤州刺史張玄封墓誌。

入聲

一屋

擉、獨、獨、獨也。

一唐太常寺大樂令暢昉墓誌，二唐賈崇璋夫人陸氏墓誌，三唐泗州司馬苗善物墓誌。

穀、穀也。

魏高平剛侯元嵩墓誌。

轂、轂也。

魏雍州刺史李挻墓誌。

慉、稸、蓄也。

一魏秦州刺史元寶月墓誌，二唐内寺伯成忠墓誌。

觕、斛、斛也。

一唐四鎮節度判官崔夐墓誌，二唐斛斯處士張夫人墓誌。

哭、哭、哭也。

一隋倉部侍郎辛衡卿墓誌，二偽周常德墓誌。

祿、禄、禄也。

一魏寇偘哲墓誌，又唐平棘縣公紇干承基墓誌，二唐信王府士曹崔傑墓誌。

旗、族、挨、族也。

一晉沛國相張朗墓碑，二唐上騎都尉王傑墓誌，三唐陪戎副尉韓懷墓誌。

僕、僕、僕也。

一唐李如願墓誌，二唐祕書丞朱公妻王氏墓誌。

匱，匱也。

僞周猗氏縣令高隆基墓誌。

速，速也。

唐口衛勳衛上護軍楊君墓誌。

復，復也。

唐新城府别將張翼墓誌。

服，服也。

隋右武候大將軍范安貴墓誌。

匐，匐也。

唐泉州龍溪縣尉李君墓誌。

陸陸也。
唐邕州都督陸君夫人元氏墓誌。
菊菊也。
唐直羅縣丞張德操墓誌。
睦睦也。
唐左金吾衛大將軍高如詮墓誌。
淑淑淑也。
一唐祕書省著作佐郎崔衆甫墓誌，二唐兗州
瑕丘縣丞馬君夫人董氏墓誌。
倏倏也。
唐夏侯君前妻樊後妻董合葬墓誌。
霞霞霞也。

一魏相州刺史元端墓誌，二唐右龍武將軍張德墓誌。

肅、肅肅、肅也。

一唐青州司倉參軍趙克廉墓誌，二僞周田承志墓誌，三唐韓節墓誌。

燠、燠也。

唐京兆府折衝都尉宋莊墓誌。

夙、夙也。

唐張騷墓誌。

穆、穆、穆、穆也。

一魏廣州長史寇君夫人姜氏墓誌，二唐建陵縣令席泰墓誌，三唐靖千年墓誌。

收、牧也。

魏光州刺史元昉墓誌。

二沃

督、督也。

魏江陵縣男長孫子澤墓誌。

促、促也。

魏肆州刺史和邃墓誌。

屬、屬也。

唐横野軍副使樊庭觀墓誌。

玉、玉也。

隋裴逸墓誌。

勗、勗、勖也。

一唐處士澔于君夫人陳氏墓誌，二唐陪戎校
尉王勖墓誌。

咼、局、局、局、咼、咼、局、局也。

一魏平州刺史元靈曜墓誌，二唐洪杜縣丞張
善墓誌，三唐王進墓誌，四唐陪戎副尉韓懷墓
誌，五唐河陰縣主簿張濬墓誌，六唐口忠墓誌
七唐長城縣令強偉墓誌。

跼、跼也。

唐李弘墓誌。

躅、躅也。

唐延王府戶曹丁韶墓誌。

俗、俗、俗、俗也。

一魏青州刺史元襲墓誌，二隋符盛胡夫人墓誌，又隋武鄉縣令劉寶墓誌，三唐彭義墓誌。

三覺

朔、朔、朔、朔也。

一魏平州刺史元靈曜墓誌，二隋正議大夫口槊墓誌，三唐口忠墓誌。

琢、琢、琢也。

一魏太常少卿元悛墓誌，二唐封州司馬董力墓誌。

愨、愨也。

唐陪戎尉王德妻鮮于氏墓誌。

璞、璞也。

隋長陵縣令盧文搆墓誌。

斲、斵斲也。

一隋徐州總管爾朱敞墓誌，二唐游擊將軍董嘉斤墓誌。

學、學學也。

一僞周魏州莘縣尉王君夫人成氏墓誌，二唐洛陽縣尉竇寓墓誌。

四　質

質、質也。

魏華州刺史丘哲墓誌。

衺、衺也。

魏輕車將軍元盌墓誌。

揤，擳也。唐亳州錄事參軍崔公夫人墓誌。

姪，姪也。魏洛州刺史長孫史君墓誌。

室，室也。唐武騎尉楊寶墓誌。

膝，膝也。唐涇州陰盤縣尉周義墓誌。

述，述也。唐張夫人墓誌。

壹，壹也。唐上柱國趙君墓誌。

沵,潻也。

唐處士樊端墓誌。

𠥃、迟、返,匹也。

一隋梁郡太守劉德墓誌,二隋奉誠尉口君墓誌,三唐請千年墓誌,四唐袁氏故柳夫人墓誌。

溢,溢也。

唐貝州臨清縣令王宏墓誌。

疾,疾也。

魏于君妻和夫人墓誌。

畢,畢也。

唐亡宮八品墓誌。

隝,隝也。

唐定州唐縣丞柳正確墓誌。

宓、宻、密也。

一魏東阿縣公元順墓誌，二隋夫人禮氏墓誌。

橘、撟、橘也。

一隋明雲騰墓誌，二唐張鳳憐墓誌。

卹、卹也。

唐陪戎副尉韓懷墓誌。

回、曰也。

唐晉陵郡別駕倪彬墓誌。

蝨、蝨也。

唐京兆府折衝都尉宋莊墓誌。

五物

紩、⿰糹盋，紱也。

一魏河州刺史乞伏寶墓誌，二唐桂州刺史孫成墓誌。

⿰巿犮、⿰⿱艹巿犮、⿰⿱业巿犮、⿰⿱艹巿犬、⿰⿱业巿犬、⿰⿱艹黹犮，黻也。

一隋洛州從事郭寵墓誌，二隋正議大夫口緊墓誌，三唐奉車都尉段瑋墓誌，四唐織染署令王君妻張氏墓誌，五唐兖州瑕丘縣丞馬君夫人董氏墓誌，六唐李如顒墓誌。

⿰镸弗，髴也。

唐婺源縣令范仙嶠墓誌。

⿱林⿰⿱缶𠤎彡、⿱林⿰复彡、⿱林⿰凶彡、⿱林⿰爵彡，鬱也。

一唐李如顒墓誌，二僞周東光縣丞王進墓誌，三唐處士澙于君夫人陳氏墓誌，四僞周蕭思一墓誌。

𡵂、屹也。

唐元君夫人來氏墓誌。

六月

⿱罒亏、粤、粵、⿰忄粤、粵也。

一魏章武王妃穆氏墓誌，二魏青州刺史元暐墓誌，三唐新鄉縣令王順孫墓誌，四唐彭義墓誌。

𨥁、鉞、鈛、鉞也。

一魏高平剛侯元嵩墓誌，二周扶風郡公主墓誌，三唐上柱國成君墓誌。

⿰羊亟、羯也。

隋符盛胡夫人墓誌。

⿸厂⿰亻氏、厥也。

唐房陵太守盧夫人楊氏墓誌。

闋、闋、闕也。

一唐司禦率府翊衛張敬玄墓誌、又唐南和縣令趙君夫人墓誌、二唐禹城縣令李庭訓墓誌。

𣢑、歇也。

唐曹州司法參軍李宏墓誌。

癹、𤼽、發也。

一魏任城王妃李氏墓誌、二魏皇內司□光墓誌。

竭、竭也。唐姚處琎墓誌。

沒、沒也。魏元誕墓誌。

郣、渤、渤也。一齊襄城郡王高淯墓誌，二僞周白水縣令孔元墓誌。

宊、突也。僞周康智墓誌。

七曷

禓、褐、褐也。一魏輕車將軍元盜墓誌，二唐姚處琎墓誌。

寯、寯、奪也。

一唐新安縣令張炅墓誌，二唐銅山縣尉楊承福墓誌。

袜、秼也。

魏頳川太守穆纂墓誌。

揹、撥也。

魏懷朔鎮都大將叔孫協墓誌。

九屑

闋、闋也。

唐龍游縣尉索義弘墓誌。

西、洫、血也。

一魏河州刺史乞伏寶墓誌，二唐□孝基墓誌。

列、列、列也。

一偽周三原縣令盧行毅墓誌，二唐禹城縣令李庭訓墓誌。

粎、鉄、颫也。

一隋蔣國公屈突通墓誌，二隋參軍張禮墓誌。

霰、霰也。

偽周嶲州刺史許摳墓誌。

懱、篾、蔑也。

一魏司空公元瞻墓誌，二唐唐州刺史張思鼎墓誌。

括、拈、指、指、哲也。

一魏銀青光祿大夫于纂墓誌，二、三魏新興王元弼墓誌，四隋徐州總管爾朱敞墓誌。

傑、傑，傑也。

一唐朱陽縣男和智全墓誌，二唐順義郡錄事參軍侯方墓誌。

梨、桀，桀也。

唐宣節尉張萬善墓誌。

滅、滅、滅，滅也。

一唐史庭墓誌，二唐洛州司户高纘墓誌，三唐張才墓誌。

折、折，折也。

隋左龍驤驃騎王協墓誌。

十　藥

樂、藥也。

唐賈崇璋夫人陸氏墓誌。

略、略、略也。

一魏司空府參軍事元馗墓誌、二隋中散大夫

口公靜墓誌。

雹、殘、虐也。

一魏秦州刺史元寶月墓誌、二魏肆州刺史和

邃墓誌。

詫、謔也。

魏秦州刺史元寶月墓誌。

弇、莫也。

唐祕書省著作佐郎崔衆甫墓誌。

𪬌、𪬍、爵、爵、爵也。

一魏司空公元夫人馮墓誌，二唐楚州鹽城縣令王惠忠墓誌，三唐太子詹事源光乘墓誌，四唐青州司倉參軍趙克廉墓誌。

夕，勺也。

隋劉尚食墓誌。

崿、㟧、崿也。

一唐張伽墓誌，二唐新鄉縣令王順孫墓誌。

幕，幕也。

魏長平縣男元液墓誌。

鵲，鵲也。

唐文林郎王貞墓誌。

閌、閣也。

隋禮部侍郎陳叔明墓誌。

㦡、樂也。

隋正議大夫口緊墓誌。

笪、昔、笪也。

一魏奉朝請梁邕墓誌，二隋光州司戶參軍張虔墓誌。

索、索、索也。

一唐信王府士曹崔傑墓誌，二唐宮官司設墓誌。

㤩、恪也。

唐譙郡司馬王奏客墓誌。

⿱髟金、鑿，鑿也。

一魏江陽王元繼墓誌，二唐處士河東柳佋墓誌。

鄗、郭，郭也。

僞周明威將軍王建墓誌。

愕，愕也。

魏孝廉奚真墓誌。

尃、茟、桴、蕚，萼也。

一魏懷朔鎮都大將叔孫協墓誌，二魏平南府功曹參軍元茂墓誌，三魏清水太守楊乾墓誌，四唐都總監丞張公夫人吉氏墓誌。

弱、弱、弱，弱也。

一唐汾州長史沈浩豊墓誌，二偽周衢州蕭使君男墓誌，三唐處士張楚墓誌，又唐岐山府果毅安節墓誌。

〓、〓、〓、〓、〓、〓、〓、〓、〓、〓、〓、壑也。

一隋車騎將軍爾朱端墓誌，二隋屯田侍郎柳君夫人蕭氏墓誌，又偽周康智墓誌，三偽周處士張元墓誌，四偽周處士奚弘敬墓誌，五唐原城府別將裴銑墓誌，六唐直羅縣丞張德操墓誌，七唐張夫人墓誌，八唐新鄉縣令王順孫墓誌，九偽周朱行墓誌，十唐內寺伯成忠墓誌，十一唐處士程碩墓誌，十二唐文林郎張剛墓誌。

挌、格也。

隋禮部侍郎陳叔明墓誌。

鶴、鶴也。

唐東光縣令許行本墓誌。

臞、臒也。

僞周隴西成紀郡李夫人墓誌。

⿰阝咢、鄂也。

唐杜文貢墓誌。

十一　陌

𨻶、隟、隟、𨻶、隙也。

一隋屯田侍郎柳君夫人蕭氏墓誌，二唐上開府董婺墓誌，三唐喬崇敬墓誌，四僞周曲阜縣令蓋暢墓誌。

䓇、赫也。
唐延州都督府士曹參軍長孫盻墓誌。

宅、宅也。
魏大統僧令法師墓誌。

澤、澤、澤也。
一唐上柱國成君墓誌，二唐右戎翊衛徐買墓誌。

客、客也。
唐處士張海墓誌。

翩、翩、翩也。
一隋口突娑墓誌，二僞周水衡監丞王貞墓誌。

冊、冊、冊、冊、册也。

一唐伏寍縣令龐敬墓誌，二唐陝州司户張君陳夫人墓誌，三唐高士賈君夫人杜氏墓誌，四唐横野軍副使樊庭觀墓誌。

隔，隔也。

魏王悦郭夫人墓誌。

偼，革也。

唐相州湯陰縣令王君德墓誌。

積，積也。

隋茍君夫人宋氏墓誌。

蹟，蹟也。

魏孝廉奚真墓誌。

逆，逆也。

魏大宗正丞元斌墓誌。

奠、奠也。

唐莊州都督李敬墓誌。

席、席也。

僞周陳州司馬成君夫人耿氏墓誌。

瘠、瘠、瘠、瘠也。

一魏秦州刺史元寶月墓誌，二隋口夫人月相墓誌，三唐仙州別駕張仁方墓誌。

扼、扼也。

唐王孝瑜并夫人孫氏墓誌。

十二錫

錫、錫也。

唐陪戎副尉韓懷墓誌。

歴，歷也。

唐史庭墓誌。

狄，狄也。

隋口夫人諱月相墓誌。

債，績也。

唐杜慶墓誌。

的，的也。

魏于君妻和夫人墓誌。

寂，寂也。

唐曹州司法參軍李宏墓誌。

戚，媙，傶，傶，傶，傶，傶，傶，㦸，戚也。

一魏李夫人墓誌，二魏侍中侯剛墓誌，三魏安西將軍元朗墓誌，四魏奉朝請梁邕墓誌，五隋張儉胡夫人墓誌，六隋光州司户參軍張虔墓誌，七隋武鄉縣令劉寶墓誌，八唐騎都尉郭義本墓誌，九唐胡國公孫秦利見墓誌。

十三職

刻，刻刻刻也。

一唐兵部常選張孝節墓誌，二僞周明威將軍王建墓誌，三唐龍游縣尉索義弘墓誌。

識，識也。

魏江陽王元繼墓誌，又隋平安郡守謝岳墓誌。

特，特也。

唐翊府中郎將李懷墓誌，又唐伏盜縣令厖敬墓誌。

式，式也。

唐太子詹事源光乘墓誌。

拭，拭也。

隋光州司户參軍張虔墓誌。

賊，賊也。

唐沈士公墓誌。

蕀，棘也。

唐張貴墓誌。

丞，丞也。

隋夫人禮氏墓誌。

翼、翼也。
魏新興王元弼墓誌。
禝、稷、稷也。
一唐賈璇墓誌，二唐于公故夫人裴氏墓誌。
歷、歷、歷也。
一唐括州遂昌縣令張先墓誌，二唐銅山縣尉
楊承福墓誌。
嶷、嶷、嶷也。
一魏太常少卿元璨墓誌，二魏處士王基墓誌。
德、德、德也。
一魏汶山侯吐谷渾璣墓誌，二唐滄州司法參
軍張文珪墓誌，又唐涇州陰盤縣尉周義墓誌。

盡、盡也。

隋中散大夫口公静墓誌。

克、尅克也。

一魏關西十州基使郭顯墓誌，二魏華州刺史

丘哲墓誌。

或、或也。

魏輕車將軍元寍墓誌。

國、國也。

魏章武王元彬墓誌。

十四緝

岋、岌也。

魏諮議元弼墓誌。

邑、邑也。

唐禹城縣令李庭訓墓誌。

十五合

闔、闔也。

唐李君夫人墓誌。

葺、葺也。

唐樂達墓誌。

臘、臘、臘、臘也。

一僞周左衛勲一府勲衛元思亮墓誌、二僞周白水縣令孔元墓誌、三僞周處士崔德墓誌、四唐上柱國李起墓誌。

溘、溘也。

魏長平縣男元液墓誌。

榼，榼也。

唐張才墓誌。

雜、雜，雜也。

一唐張才墓誌，二唐處士張義墓誌。

十六葉

葉、葉，葉也。

一晉沛國相張朗墓碑，二偽周左春坊藥藏印

張金才墓誌。

慵，慵也。

唐定襄縣令張楚璋墓誌。

穚、獵，獵也。

一魏處士王基墓誌，二唐登仕郎丁範墓誌。

𩧆、𩧆、鬛、鬛、巤、鬣也。

一偽周承奉郎吳續墓，二唐索達墓誌，三唐汝陰郡司法參軍姚希直墓誌，四唐四鎮節度判官崔贇墓誌，五唐右龍武軍翊府中郎高德基墓誌。

㨗、橽、㨗、㨗、捷也。

一唐左領軍衛郎將裴沙墓誌，二唐亡宮七品墓誌，三唐東光縣令許行本墓誌，四唐平棘縣公紇干承基墓誌，五唐張伽墓誌。

牒、牒也。

一魏廣平王元懷墓誌。

諜，諜，諜也。

一唐衢州司士參軍李君夫人獨孤氏墓誌，二唐李君彦夫人魏氏墓誌。

睫，睫，也。

僞周唐州司馬閻基墓誌。

洽，洽，洽也。

十七洽

一魏河州刺史乞伏寶墓誌，二唐驍騎尉皇甫

壁墓誌。

插，插也。

唐李三墓誌。

匣，匣也。

僞周洛陽宫總監褚君夫人王氏墓誌。
乏乏也。
隋右武侯大將軍范安貴墓誌。
業業業業業也。
一隋口突娑墓誌，二唐右龍武將軍張德墓誌
三唐伊闕縣令劉德墓誌。

碑別字拾遺

碑别字續拾

宋洪文惠作隸釋，每記漢刻中別字於跋尾中，此記碑版別字所自昉。其輯爲專書者，則始於邢雨民先生金石文字辨異。顧其書采集未能宏富，予少時佐先伯凡輯碑別字，頗補邢氏所未備已，復一再增輯，去歲又爲之拾遺。然去歲拾遺之作，爲據諸石刻校訂新唐書宰相世系表之副業，非專力於是也。蓀兒今復補輯拾遺之所未備，爲續拾。予謂前之諸編固未盡碑版所有別字，即今之續拾，亦未能網羅無佚漏也。矧古刻日出不窮，異日若更事補輯，其仍有出諸編外者，可預必也。夫一碑版別字耳，以先後數十年兩世之業，猶未能竟其事，學問之大於是者，其無窮盡益可知也。嘗怪當世少年乃務倡隱怪之說，肆嚮壁之談，一若學問之事，前賢已發揮無遺蘊，非另闢畦徑，不能標新領異者。吾殊不知其何心也。蓀兒既郵是編至，爰書其端以戒之，並以質當世之從事學業者。己卯三月抱殘老人書。

碑別字續拾目錄

上平聲

一東

二冬

三江

四支

五　微

機饑幾欷依歸肥

六　魚

渠疏虚於

七　虞

虞無巫衢區軀趨扶駒弧

徒塗圖菩苻俞荼劬徂趺

八　齊

齊嵇迷雞

九　佳

懷齋

十　灰

迴雷開臺來裁哉隈魁

十一真

真辰神親塵寅幽民綸春

閨

十二文

雲焚勳軍懃

十三元

原源爰軒鐏魂

十四寒

安端棺槃單

十五刪

關還山

下平聲

一先

煙牽淵邊遷然纏廛聯泉

鐫琁愆

二蕭

貂條超鼂遙瑶標飄寥椒

彫岧

三肴

肴茅泡巢

四豪

膏皋操

五歌

承冰繩乘徵凝僧薨騰能

澂

十一尤

憂優劉留秋悠莤羞舟搜

鄒疇仇柔

十二侵

尋臨深琴

十三覃

參驂南含貪

十四鹽

鹽閻瞻嚴

十五咸

巖

上聲

一董

總

二腫

壟

聳

四紙

徙

爾　祀　矢　俟　圯

五尾

豈

六語

旅

鼠　所　舉　序　處

七麌

聚俯愈矩虜主圃祖魯

八薺

體抵啟

九蟹

解

十賄

海在猥

十一軫

愍

十二吻

隱齔

二十一馬

野　雅　寡

二十二養

泱　像　仰　罔　往　廣　黨　壤

二十三梗

嶺　永　耿　整　頴

二十四迴

鼎　拯　等

二十五有

有　酒　柳　杇　阜　牖　受　壽　後　守

二十六寑

帚

寑　稟

二十七感

捹

二十八儉

儼

二十九謙

檻　減　黯　濫

去聲

一送

弄　痛　控　衆　凍　瞤

三降

降

四寘

置事刺易義智類淚備棄

被懿媚鼻謚值嗣萎覬

五未

未既慰

六御

庶遽曙譽

七遇

遇屢度蠹數悟務

八薺

帝遞契翳瘱惠隸敝蔽制

勢礪轊悌弟裔慧

十五翰
翰竄歎幹榦散斷煥贊漫
璨岸齕
十六諫
擐
十七霰
縣奠宴殿甸
十八嘯
眺矅
十九效
教罩
二十號

胄籀獸舊柩繡就壽寇茂
戊遘構秀漏
二十七沁
蔭儁
二十八勘
澹闇瞰
二十九艷
贍
入聲
一屋
獨祿族福複服鵬陸肉儵
覆肅宿牧睦牘濮鹿

八黠
拔殺察
九屑
切竊茂出澈悊
十藥
虐爵樂萼鑿弱酌勺莫澤
廓
十一陌
赫擇册奕釋覈繹昔迹摭
十二錫
析擊歷狄戚撽闃
十三職

目録

碑別字續拾

上虞　羅福葆　輯

上平聲

一東

凬、風也。

苻秦廣武將軍口産碑。

豊、豐也。

偽周鴻慶寺碑。

隆、隆也。

魏洪懋等造象。

聰、聰也。

隋孟顯達碑。

熊、熊也。

唐王君夫人趙郡李氏墓誌。

逢、逢也。

唐段蹟夫人墓誌。

二冬

庸、庸也。

魏孫遼浮圖銘。

封、封、封也。

唐劉元超墓誌。

従、從也。

唐戴令言墓誌。

峯、峯、峯也。

一齊畢文造象記，二隋處士范高墓誌。

枀，松也。

唐上柱國孫通墓誌。

区，凶也。

唐明州刺史韋埧墓誌。

蛩，蛩也。

唐皇甫深墓誌。

三江

邦，邦也。

魏霍揚碑。

四支

垂，埀也。

隋寇奉叔墓誌。

䙡，窺也。

唐處士張洛墓誌。

𥡴，犧也。

唐李護墓誌。

羲，羲也。

大代華嶽廟碑。

曦，曦也。

魏宕昌公暉福寺碑。

皃，皃也。

齊法義優婆姨等造象頌。

離，離也。

魏南石窟寺碑。

枝、枝也。

唐西道縣令劉攬墓誌。

危、危也。

魏陳天寶造象。

規、規也。

隋任軌墓誌。

彝、彝也。

唐游擊將軍吳孝墓誌。

師、師也。

齊法義卅人造象。

墀、墀、墀也。

一唐劉元超墓誌，二唐清水縣男李璿墓誌。

遟、遅也。

唐王積善墓誌。

龜、龜、龜、龜、龜、龜、龜也。

一魏宕昌公暉福寺碑，二齊高劉二姓邑義造浮圖記，三僞周焦松墓誌，四唐城父縣尉盧復墓誌，五唐高岑墓誌，六唐朱師墓誌，七唐范陽令楊基墓誌。

頣、頣、頤也。

一唐燕紹墓誌，二唐盧知宗妻鄭夫人墓誌。

⿰吳殳、疑也。

唐處士王顔墓誌。

姖、姫、姮、姬也。

一魏䡵伏龍造象，二周呂僧哲造象，三左馮翊太守□□□六世孫合宗造四面像。

辭、辭也。

魏彭城王元勰墓誌。

熈、熈、煕、熙也。

一魏樂安王元緒墓誌，二魏姚伯多造象，三唐封溫墓誌。

慈、慈也。

唐徐藏子造象。

羅、羅也。

唐張氏亡女墓誌。

隳,隳也。

唐盧知宗妻鄭夫人墓誌。

竒,奇也。

齊畢文造象記。

耆,耆也。

寶梁經。

逶,逶也。

唐清水縣男李璿墓誌。

五微

撲,撲,機也。

一魏南石窟寺碑,二齊法義優婆姨等造象頌。

餓,饑也。

唐王積善墓誌。

㡬、㡬、幾也。一唐劉節墓誌，二唐王積善墓誌。

欷、欷、也。唐姚暢墓誌。

依、依也。齊法義優婆姨等造象頌。

歸、歸、歸、歸也。一魏霍揚碑，二隋員天威造象，三唐袁孔毅墓誌。

疤、肥也。唐處士□琳墓誌。

六魚

渠，渠也。

唐新鄭縣令劉文墓誌。

䟽，疏也。

魏司空公元瞻墓誌。

虗、虗、虗，虚也。

一魏元尚之墓誌，二、三左馮翊太守□□□六世孫合宗造四面像。

扵、扵、於，於也。

一僞周處士劉通墓誌，二僞周張矩墓誌。

七虞

虞，虞也。

唐劉元超墓誌。
無、無也。
魏陳天寶造象。
崕、巫也。
唐張君夫人秦氏墓誌。
衢、衢也。
隋處士范高墓誌。
𤬿、𥓓、𠥙、區也。
一齊郄肱造象，二齊張智寶造象，三周成益周
造象。
軀、軀、軀、軀也。
一魏張道果造象，二齊法義卅人造象。

趨，趨也。

唐大夏縣主簿張弘墓誌。

荴，扶也。

魏司空公元瞻墓誌。

駒，駒也。

唐文林郎張金剛墓誌。

弧，孤也。

唐并州司兵張義墓誌。

徒，徒也。

魏比丘僧智等造象記。

塗、塗，塗也。

一魏楊豐生造象，二唐陳天養妻魏造象。

圖、啚、畐、圖也。一魏樂安王元緒墓誌，二魏南石窟寺碑，三隋王遠等三十八人造象。

葥、菩也。齊王馮居造象。

𦬆、苻也。魏清信女高思鄉造象。

俞、俞也。唐輕車都尉強偉墓誌。

荼、荼也。唐處士王頵墓誌。

煦、昫也。

唐樊覽墓誌。

伹，俎也。

魏李夫人璟蘭墓誌。

趺，趺也。

魏陳天寶造象。

八齊

齊、齊、斉、齊、齊，齊也。

一苻秦廣武將軍口產碑，二魏元玠墓誌，三齊比丘法朗造象，四齊江阿歡夫妻造象，五唐周夫人墓誌。

秥，祉也。

齊梁罷村邑子七十人造浮圖記。

迷、迷也。

唐段賾夫人墓誌。

雞、雞也。

齊法義卅人造象。

九佳

懷、懷、懷也。

一隋處士劉多墓誌，二唐孟氏麻夫人銘。

齋、齋、齋、齋也。

一、二齊梁罷村邑子七十人造浮圖記，三唐豆盧君夫人魏氏墓誌。

十灰

廻、迴也。

左馮翊太守□□□六世孫合宗造四面像。

雷，雷也。

僞周處士劉通墓誌。

開，開也。

隋員天威墓誌。

臺，臺，臺，臺也。

一魏臨淮王元彧墓誌，二齊故人曹臺造象，三

唐胡明期母曹夫人墓誌。

倈，來也。

唐劉元超墓誌。

我，栽也。

隋孟顯達碑。

㦲,哉也。

唐高岑墓誌。

隈,隈也。

唐支懷墓誌。

魁,魁也。

唐戴令言墓誌。

十一真

真,真,真也。

一魏李興造象,二齊法義優婆姨等造象頌。

辰,辰,辰,辰也。

一苻秦廣武將軍□産碑,二大代華嶽廟碑,三

唐翟惠隱墓誌。

神,神也。

唐霍寬墓誌。

親,親也。

隋寇奉叔墓誌。

壓、壓,壓也。

一魏馬都愛造象,二齊法義優婆姨等造象頌。

寅,寅也。

唐王郎將君墓誌。

遜,遜也。

隋孟顯達碑。

民,民也。

苻秦廣武將軍口産碑。

綸,綸也。
唐周夫人墓誌。

春,春也。
偽周處士劉通墓誌。

闉,闉也。
隋寇奉叔墓誌。

十二文

雲,雲也。
魏司馬昇墓誌。

棼,棼也。
唐上柱國邊真墓誌。

勲,勳也。

魏元襲墓誌。

冧,軍也。

晉魏雛柩誌。

懃,懃也。

魏桑乾太守宋虎墓誌。

十三元

厡,原也。

唐燕君夫人姜氏墓誌。

源,源也。

唐張君夫人秦氏墓誌。

爰,爰也。

唐處士郭壽墓誌。

軒，軒也。
唐王瑗達墓誌。
蹲，蹲也。
唐許士端墓誌。
䰟，魂也。
魏桑乾太守宋虎墓誌。
十四寒
安，安也。
唐處士王顏墓誌。
端，端也。
唐張君夫人秦氏墓誌。
棺，棺也。

隋寇奉叔墓誌。

槃、盤、盤、槃也。

一隋員天威造象，二、三唐處士王顗墓誌。

單，單也。

魏比丘僧智等造象記。

十五刪

閞，關也。

左馮翊太守□□□六世孫合宗造四面像。

還，還也。

齊比丘法朗墓誌。

止，山也。

唐張君夫人秦氏墓誌。

下平聲

一先

煙,煙也。

唐崔鍔墓誌。

牽,牽也。

唐王岐墓誌。

淵,淵,淵也。

一魏南石窟寺碑,二齊趙顯等造象殘碑。

邊,邊,邊,邊也。

一齊高劉二姓邑義造浮圖記,二齊張智寶造象,三齊比丘法朗造象。

遷,遷,遷,遷,遷也。

絲才

一魏元襲墓誌，二魏樂安哀王元悅墓誌，三唐處士郭壽墓誌，四僞周張矩墓誌。

然、然、𦋺、然也。

一、二魏比丘僧智等造象記，三魏姚伯多造象。

纏、纏也。

魏姚伯多造象。

壓、壓也。

唐吳縣丞杜榮墓誌。

聯、聯也。

魏北海王妃李氏墓誌。

泉、泉也。

魏桑乾太守宋虎墓誌。

⿰石雋,鐫也。

齊雹水村五十人造象。

琁,璇也。

唐封温墓誌。

懸、懸,懸也。

一魏劉根造象記:周道民李元海兄弟造天尊象。

二蕭

貂,貂也。

唐鼓城縣令王玄起墓誌。

條,條也。

齊法義州人造象。

超、超、超也。一魏霍揚碑，二左馮翊太守□□□六世孫合宗造四面像。

鼂、鼂也。唐沈士公墓誌。

遙、遥也。魏比丘僧智等造象記。

瑤、瑶也。魏元尚之墓誌。

摽、標也。齊太尉府墨曹參軍梁伽耶墓誌。

飄、飄、飄也。

一唐郭君夫人楊氏墓誌，二唐周夫人墓誌。

⿱宀⿱𡈼心寥也。唐姚暢墓誌。

⿰扌林椒也。魏貴華恭夫人墓誌。

⿰周刂彫也。魏處士元顯儁墓誌。

⿰山台岧也。唐陪戎副尉安度墓誌。

三肴

餚肴也。唐處士張洛墓誌。

肴合

紙 材

矛，茅也。

魏咸陽太守劉玉墓誌。

泡，泡也。

齊法義優婆姨等造象頌。

巢，巢也。

唐王進墓誌。

四豪

膏，膏也。

唐桓君夫人張氏墓誌。

皋，皋也。

唐處士趙通墓誌。

操，操也。

唐張君夫人秦氏墓誌。

五歌

𨚗,那也。

齊梁罷村邑子七十人造浮圖記。

𡡉,婆也。

齊法義優婆姨等造象頌。

䄉,俄也。

隋齊郡丞□直墓誌。

𥝧,科也。

唐吳縣丞杜榮墓誌。

六麻

耶,邪也。

寶梁經。

霞，霞也。

唐大夏縣主簿張弘墓誌。

華，華，華，華也。

一魏宕昌公暉福寺碑，二唐張君夫人秦氏墓誌，三唐宮君夫人秦氏墓誌。

家，家也。

魏南石窟寺碑。

七陽

鄉，鄉，鄉也。

一魏司馬昇墓誌，二隋寶泰寺碑。

商，商也。

唐劉元超墓誌。

慶慶慶慶慶也。

一齊太尉府墨曹參軍梁伽耶墓誌，二周鄒道隆妻介僧香造象，三唐周夫人墓誌，四唐王積善墓誌。

張張也。

符秦廣武將軍口產碑。

襄襄也。

魏元珎墓誌。

驤驤也。

魏桑乾太守宋虎墓誌。

牆牆也。

齊比丘法朗造象。

崗、岡也。

唐臨武縣令王訓墓誌。

綱、綱也。

唐榆社縣令王和墓誌。

亢、亢也。

魏霍揚碑。

丧、喪也。

唐趙君妻裴夫人墓誌。

肯、肻、肎也。

一唐桓君夫人張氏墓誌、二唐燕明墓誌。

舤、航也。

魏孫遼浮圖銘。

⿸疒木,牀也。

寶梁經。

當,嘗也。

周岐山縣侯姜明墓誌。

嬢,孃也。

齊像主法念造象。

蒼,蒼也。

齊畢文造象記。

八庚

坈,坑也。

齊比丘法朗墓誌。

英、英、英也。

一唐瞿惠隱墓誌，二唐處士張洛墓誌。

盟、盟也。

齊太尉府墨曹參軍梁伽耶墓誌。

禜、榮也。

左馮翊太守□□□六世孫合宗造四面像。

娚、甥也。

魏比丘僧智等造象記。

旌、旌、旌也。

一魏司空公元瞻墓誌，二唐李君羨夫人劉氏墓誌。

盈、盈也。

唐戴令言墓誌。

瀛，瀛也。

隋寇遵考墓誌。

纓，纓也。

唐瞿惠隱墓誌。

聲，聲也。

唐衡山縣令鄭戎墓誌。

瓊，瓊也。

唐王積善墓誌。

嬴，嬴也。

魏河州刺史鄯乾墓誌。

楹，楹也。

唐郭君夫人楊氏墓誌。

九青

皇,星也。

隋貞天威造象。

霻,𩃱,霝,𩂯,霊,𩆜,𩅦,𩄇,𩄇,霝,霊,霊,霊也。

一符秦廣武將軍口產碑,二魏桑乾太守宋虎墓誌,三魏元始和墓誌,四齊法義優婆姨等造象頌,五、六隋寇奉叔墓誌,七、八周合村長幼造象,九唐李定品靈廟文,十唐周夫人墓誌,十一唐史氏趙夫人墓誌,十二唐李謇墓誌,十三唐張君夫人秦氏墓誌。

濵,濱也。

魏山暉墓誌。

十蒸

氶,承也。

左馮翊太守口口口六世孫合宗造四面像。

冰,冰也。

魏司馬昇墓誌。

縄,繩也。

魏臨淮王元彧墓誌。

乗,乘也。

魏翚伏龍造象。

徴,徵也。

魏司馬昇墓誌。

凝，凝也。

魏比丘僧智等造象記。

僧，僧也。

齊法義卅人造象。

薨，薨也。

魏霍揚碑。

騰，騰也。

唐處士郭壽墓誌。

䏻，能也。

齊是連公妻邢夫人墓誌。

澂，澂也。

漢虔恭殘石。

十一尤

𢝊憂也。

西魏尹天興造象。

傻優也。

魏輩伏龍造象。

劉、劉、劉也。

一齊同邑卌餘人造象，二齊高劉二姓邑義造

浮圖記。

𠙖、雷，留也。

一唐游擊將軍吳孝墓誌，二僞周處士劉通墓

誌。

䵴，秋也。

唐沈士公墓誌。

悠,悠也。

唐張君夫人秦氏墓誌。

莤,酋也。

魏桑乾太守宋虎墓誌。

着,羞也。

寶梁經。

丹,舟也。

魏馬都愛造象。

捜,搜也。

隋蕭翹墓誌。

郰,鄒也。

唐范重明墓誌。

疇,疇也。

唐史氏趙夫人墓誌。

仇,仇也。

魏崔懃造象。

柔,柔也。

唐高岑墓誌。

十二侵

尋,尋,尋也。

一魏元龔墓誌,二魏姚伯多造象。

臨,臨也。

苻秦廣武將軍口產碑。

㴱,深也。

隋寇奉叔墓誌。

琹,琴也。

唐孫君夫人宋氏墓誌。

十三覃

叅,叅,曑,叅,參也。

一魏河州刺史鄯乾墓誌,二魏崔懃造象,三齊太尉府墨曹參軍梁伽耶墓誌,四隋皇甫深墓誌。

驂,驂也。

魏吳郡王蕭正表墓誌。

南,南也。

齊是連公妻邢夫人墓誌。

含,含也。唐彭城劉夫人墓誌。

貪、貪,貪也。一齊太尉府墨曹參軍梁伽耶墓誌,二唐支懷墓誌。

十四鹽

監,鹽也。唐臨河縣尉張遊藝墓誌。

閻,閻也。齊梁罷村邑子七十人造浮圖記。

瞻、瞻、瞻、瞻、瞻、瞻,瞻也。

一魏司空公元瞻墓誌，二唐龍游縣尉索義弘墓誌，三唐處士王顔墓誌，四唐旌德縣尉李紳墓誌，五僞周張矩墓誌，六唐文信墓誌。

嚴，嚴也。

唐袁弘毅墓誌。

十五咸

巖，巖也。

唐戴令言墓誌。

上聲

一董

揔、揔、揔、揔、總也。

一漢皇女殘碑，二代華嶽廟碑，三魏宕昌公暉福寺碑，四齊太尉府墨曹參軍梁伽耶墓誌。

二腫

壟，壟也。魏李夫人⿱耳木蘭墓誌。

聳，聳也。唐清水縣男李璿墓誌。

四紙

徙，徙也。唐瞿惠隱墓誌。

爾，爾也。唐劉元超墓誌。

祀，祀也。

唐處士張洛墓誌。

夭、矢也。

魏皇帝東巡碑。

侯、矦、俟也。

一唐玄昭監張明墓誌、二唐劉節墓誌。

把、把也。

唐處士孟師墓誌。

五尾

岂、豈也。

魏陳天寶造象。

六語

旅、旅也。

唐李護墓誌。

鼠、鼠也。

唐處士郭壽墓誌。

所、所、所、所也。

一魏吳屯為亡妻郭僧造象，二隋員天威造象，

三周道民馬落子造象。

舉、舉也。

齊是連公妻邢夫人墓誌。

序、序也。

苻秦廣武將軍口產碑。

處、處、處、處、處也。

一魏楊元凱造象，二魏馬都愛造象，三隋員天

賣合 二十四

威造象四偽周處士劉通墓誌。

七麌

聚、聚也。

唐袁州别駕苑玄亮墓誌。

俯、俯也。

大代華嶽廟碑。

愈、愈也。

唐孫君夫人宋氏墓誌。

矩、矩也。

隋任軌墓誌。

虜、虜、虜也。

一左馮翊太守口口口六世孫合宗造四面像、

二唐玄昭監張明墓誌。

呈，主也。

齊畢文造象記。

莆，圃也。

魏司空公元瞻墓誌。

袓，祖也。

齊太尉府墨曹參軍梁伽耶墓誌。

魯，魯也。

唐史氏趙夫人墓誌。

八薺

體，體也。

齊法義優婆姨等造象頌。

賣合

二十五

扺，抵也。

唐平陽賈政墓誌。

启，啟也。

陳劉猛進墓誌。

九盤

觧，解也。

寶梁經。

十賄

海，海也。

齊魏法興等造天宮記。

在，在也。

苻秦廣武將軍口產碑。

猥猥也。

左馮翊太守□□□六世孫合宗造四面像。

十一軫

愍愍也。

魏比丘僧智等造象記。

十二吻

隱隱也。

唐翟惠隱墓誌。

齔齔也。

魏司空公元瞻墓誌。

十三阮

遠遠遠也。

一魏霍揚碑，二隋寇奉叔墓誌。

偃、偃，偃也。

一隋蕭翹墓誌，二陳劉猛進墓誌。

巚、巘，巘也。

一魏南石窟寺碑，二唐翟惠隱墓誌。

𥧶，究也。

齊太尉府墨曹參軍梁伽耶墓誌。

壷，壺也。

唐白知新妻鄭氏墓誌。

十四旱

𥥛，罕也。

齊畢文造象記。

十六銑

演,演也。

魏高祖九嬪趙充華墓誌。

衎,衍也。

隋吳野人造四面十二堪象。

翦、葥,翦也。

一魏司空公元瞻墓誌,二齊是連公妻邢夫人

墓誌。

免,免也。

魏孫遼浮圖銘。

冕,冕也。

魏密陽令蘇屯墓誌。

責合

十七篠

胶,皎也。

唐侯司馬妻竇夫人銘。

兆,兆也。

唐孫公亡夫人李氏墓誌。

旐,旐也。

唐孫君夫人宋氏墓誌。

蓼,蓼也。

唐榆社縣令王和墓誌。

矯,矯也。

唐玄昭監張明墓誌。

十八巧

巧、玗、巧也。

一魏姚伯多造象，二齊法義優婆姨等造象頌。

十九皓

抱、抱、抱也。

隋處士范高墓誌。

老、老也。

周道民馬落子造象。

藻、薻、藻也。

一魏南石窟寺碑，二唐段蹟夫人墓誌。

二十一馬

野、野也。

唐西道縣令劉攬墓誌。

雑、雅、雅也。

一唐李无難造象，二唐清河張毖墓誌。

賓、賔、賔、寡也。

一晉處士石定墓誌，二晉石尠墓誌，三魏比丘

僧智等造象記。

二十二養

洪，泱也。

魏桑乾太守宋虎墓誌。

傷、像，像也。

一魏楊豐生造象，二隋員天威造象。

仰，仰也。

魏比丘惠榮造象。

罔，罔也。

唐中年縣丞樂玄墓誌。

往，往也。

唐戴令言墓誌。

廣，廣，廣也。

一漢黃腸石題字，二漢熹平元年黃腸石題字。

黨，黨也。

魏桑乾太守宋虎墓誌。

壤，壤也。

唐翟惠隱墓誌。

二十三梗

嶺，嶺也。

魏洪懋等造象。

爪,永也。

唐河東縣令李徵墓誌。

耿,耿也。

魏元襲墓誌。

整、整,整也。

一唐康君夫人曹氏墓誌/二唐處士王顧墓誌。

顔,顏也。

唐慶州長史李肅墓誌。

二十四迥

鼎,鼎也。

魏司空公元瞻墓誌。

桼、桼也。

魏宕昌公暉福寺碑。

等、等、等也。

隋王遠等三十八人造象。

二十五有

有、有、有也。

一魏桑乾太守宋虎墓誌，二齊太尉府墨曹參軍梁伽耶墓誌。

酒、酒也。

魏桑乾太守宋虎墓誌。

柳、柳、柳也。

一唐上柱國邊真墓誌，二唐清水縣男李璿墓

誌。

杇、杍、朽也。

一魏南石窟寺碑，二齊寔水村五十人造象。

舁、皁也。

唐游擊將軍吳孝墓誌。

牗、牖也。

唐中年縣丞樂玄墓誌。

受、受也。

周道民李元海兄弟造天尊象。

壽、壽也。

唐處士賈德茂墓誌。

後、後也。

隋處士范高墓誌。

守,守也。

齊梁罷村邑子七十人造浮圖記。

帶,帶也。

唐張君夫人秦氏墓誌。

二十六寢

寢,寢也。

唐高岑墓誌。

稟、稟,稟,稟也。

一齊法義優婆姨等造象頌,二唐上輕車都尉

馬懷墓誌,三唐王夫人墓誌。

二十七感

拚，拚也。

魏貴華恭夫人墓誌。

二十八儉

儼，儼也。

唐周夫人墓誌。

二十九豏

檻，檻也。

唐處士王顔墓誌。

減，減也。

唐段蹟夫人墓誌。

黷，黯也。

唐周夫人墓誌。

灠,濫也。

晉石尠墓誌。

去聲

一送

卞、哢,弄也。

一隋寇遵考墓誌,二隋皇甫深墓誌。

痛,痛也。

隋寇奉叔墓誌。

控,控也。

唐劉元超墓誌。

衆、衆、衆、衆、衆,衆也。

一魏南石窟寺碑,二齊梁罷村邑子七十人造

浮圖記，三周呂僧哲造象，四周李明顯造象，五

寶梁經。

涑，涑也。

魏貴華恭夫人墓誌。

瞷，瞷也。

隋處士范高墓誌。

三絳

降，降也。

晉當利里社碑。

四寘

罝，置也。

唐楊貴墓誌。

事、事、事也。

符秦廣武將軍□産碑。

刺、刺也。

齊是連公妻邢夫人墓誌。

易、易也。

齊是連公妻邢夫人墓誌。

義、義也。

唐楊貴墓誌。

智、智也。

唐支懷墓誌。

類、類、類、類也。

一齊姚景郭度哲卌人等造象，二齊是連公妻

邢夫人墓誌，三周岐山縣侯姜明墓誌。

涙，淚也。

魏元始和墓誌。

備、備、備、備、俻、備，備也。

一魏陳天寶造象，二唐張軌墓誌，三僞周張矩墓誌，四唐盧寂墓誌，五唐武縣尉楊寶墓誌。

棄，棄也。

魏霍揚碑。

被，被也。

唐支懷墓誌。

懿、懿，懿也。

一魏宕昌公暉福寺碑，二唐高岑墓誌。

媜,媚也。
唐永興縣尉周著墓誌。
皐,鼻也。
唐新鄭縣令劉文墓誌。
謚,謚也。
魏華山王元鷙墓誌。
偱,值也。
魏馬都愛造象。
𤔲,嗣也。
唐支懷墓誌。
萎,萎也。
隋張盈墓誌。

凱,覬也。

魏楊元凱造象。

五未

耒,未也。

西魏尹天興造象。

旣,旣,既也。

慰,慰也。

唐處士王頵墓誌。

魏華山王元鷙墓誌。

六御

庲,庚也。

唐盧寂墓誌。

遽,遽也。

唐段蹟夫人墓誌。

曙,曙也。

齊太尉府墨曹參軍梁伽耶墓誌。

譽,譽也。

齊太尉府墨曹參軍梁伽耶墓誌。

七遇

遇,遇也。

魏清信女高思鄉造象。

屢,屢也。

唐處士何盛墓誌。

度,度也。

魏司空公元瞻墓誌。

蠱，蠱，蠱也。

一魏吳郡王蕭正表墓誌，二隋寶泰寺碑。

數，數，也。

隋處士范高墓誌。

悟，悟也。

齊馬恩造象。

務，務也。

魏比丘僧智等造象記。

八霽

帝，帝也。

周呂僧哲造象。

遞，遞也。

唐李智墓誌。

契、契、契，契也。

一隋員天威造象，二唐封溫墓誌，三唐潘卿墓誌。

翳，翳也。

唐崇政鄉君齊夫人墓誌。

嫕、嫕，瘱也。

一唐史氏趙夫人墓誌，二唐孫公亡夫人李氏墓誌。

惠，惠也。

魏華山王元鷙墓誌。

𨽻,隸也。

唐處士賈德茂墓誌。

般、𣪠,斂也。

一魏比丘僧智等造象,二唐孫君夫人宋氏墓誌。

𦾔,蔽也。

大代華嶽廟碑。

𠛐,制也。

唐戴令言墓誌。

𢪛、埶,勢也。

一魏南石窟寺碑,二魏司空公元瞻墓誌。

𥗼,礪也。

魏桑乾太守宋虎墓誌。

輤,輤也。

唐樊浮邱夫人李氏墓誌。

悌,悌也。

唐吳縣丞杜榮墓誌。

第,第也。

魏姚伯多造象。

裔,裔也。

陳劉猛進墓誌。

慧,慧,慧也。

一魏董道得造象,二左馮翊太守口口口六世孫合宗造四面像。

九　泰

冣,最也。

唐趙嘉夫人郭氏墓誌。

旆,旆,旆也。

一魏臨淮王元彧墓誌,二陳劉猛進墓誌。

外,外也。

魏比丘僧智等造象記。

十　卦

界,界,界也。

一齊劉世寬造象,二唐陳天養妻魏造象。

雝,薙也。

偽周張矩墓誌。

敗,敗,敗也。
齊法義優婆姨等造象頌。

十一隊

對,對,對也。
唐中年縣丞樂玄墓誌。

碎,碎,碎也。
魏河州刺史鄯乾墓誌。

岱,岱,岱也。
唐翟惠隱墓誌。

再,再,再也。
唐高君夫人崔縝墓誌。

愛,愛,愛也。

魏崔懃造象。

慨，慨也。

魏比丘僧智等造象記。

十二震

震，震也。

唐姚暢墓誌。

振，振，振也。

一魏霍揚碑，二魏司空公元瞻墓誌。

疊，疊，疊也。

一唐處士王顏墓誌，二唐楊行禕墓誌。

鎮，鎮也。

魏貴華恭夫人墓誌。

峻,峻也。

唐王岐墓誌。

濬,濬,濬也。

一唐孫公亡夫人李氏墓誌,二唐慶州長史李

肅墓誌。

儁,儁,儁也。

一魏南石窟寺碑,二齊法義卅人造象。

俊,俊,俊也。

一唐燕君夫人姜氏墓誌,二唐姚孝寬墓誌。

舜,舜也。

齊像主法念造象。

十三問

續合

三十九

奮，奮也。

魏南石窟寺碑。

十四　願

⿰肴乚、顛，願也。

一隋許曇⿰月丙造象，二唐僧惠簡造象。

⿱死心，怨也。

魏司空公元瞻墓誌。

憲，憲也。

大代華嶽廟碑。

十五　翰

⿰車倚，翰也。

齊是連公妻邢夫人墓誌。

竄，竄也。
唐并州司兵張義墓誌。

鄹，歎也。
魏皇帝東巡碑。

擀、擀，幹也。
一唐劉節墓誌，二唐上柱國邊真墓誌。

榦，榦也。
唐西道縣令劉攬墓誌。

散，散也。
魏南石窟寺碑。

斷，斷也。
唐柳君太夫人杜氏墓誌。

璣,煥也。

魏宕昌公暉福寺碑。

賁,賛也。

魏宕昌公暉福寺碑。

澷,漫也。

魏元瞻墓誌。

𤩽,璨也。

齊梁羆村邑子七十人造浮圖記。

岓,岸也。

隋孫龍伯造天宮義井記。

𦑝,翫也。

魏比丘僧智等造象記。

十六諫

檈，擐也。

唐李護墓誌。

十七霰

縣，縣也。

隋員天威造象。

奠，奠也。

唐康君夫人曹氏墓誌。

宴，宴也。

魏宕昌公暉福寺碑。

殿，殿也。

唐僧惠簡造象。

甸，甸也。

魏元龔墓誌。

十八嘯

眺，眺也。

齊是連公妻邢夫人墓誌。

曜，曜也。

魏牛景悅造象。

十九效

敎，教也。

唐戴令言墓誌。

罩，罩也。

齊姚景郭度哲卌人等造象。

二十號

[illegible],導也。

苻秦廣武將軍口産碑。

蹈,蹈也。

隋處士劉多墓誌。

㬥,㬥,暴也。

一晉處士石定墓誌,二唐城父、縣尉盧復墓誌。

憿,憿也。

魏霍揚碑。

二十一箇

過,過,過也。

一魏桑乾太守宋虎墓誌,二唐張武例造象。

播，播也。
唐大夏縣主簿張弘墓誌。
二十二禡
㐌，亞也。
唐燕紹墓誌。
夜，夜也。
唐王君夫人趙郡李氏墓誌。
跨，跨也。
魏牛景悦造象。
二十三漾
匠，匠也。
隋員天威造象。

望、𡍞、望、𡸁、望也。

一魏河州刺史鄯乾墓誌，二周岐山縣侯姜明墓誌，三隋寇奉叔墓誌，四唐宮司設墓誌。

抗、抗也。

唐劉元超墓誌。

蕩、蕩也。

隋皇甫深墓誌。

敬、敬、敬、敬也。

二十四敬

一齊江阿歡夫妻造象，二齊張智寶造象，三周李明顯造象。

映、映也。

唐武騎尉楊寶墓誌。

[illegible]，[illegible]，命也。

一齊成世猷造象，二命過口世實等造象殘題

名。

[illegible]，聖也。

魏栖賢寺比丘道穎等造象。

二十五徑

俓，徑也。

唐周夫人墓誌。

[illegible]，應也。

大代華嶽廟碑。

[illegible]，勝也。

左馮翊太守□□□六世孫合宗造四面像。

孕、孕、孕也。

一唐封温墓誌，二唐張軌墓誌。

二十六宥

冑、胄也。

唐上柱國孫通墓誌。

籀、籕也。

唐處士王顔墓誌。

獸、獸也。

魏牛景悦造象。

舊、舊、舊也。

一唐西道縣令劉攬墓誌，二偽周鴻慶寺碑。

柩、柩、柩也。

一魏高祖九嬪趙充華墓誌，二唐永興縣尉周著墓誌。

繡、繡也。

唐并州司兵張義墓誌。

就、就、就也。

一隋許曇眪造象，二唐僧惠簡造象。

壽、壽也。

唐霍寬墓誌。

寇、寇、寇也。

一魏崔懃造象，二魏比丘僧智等造象記。

茂、茂、茂也。

一晉石尠墓誌，二唐成君夫人劉氏墓誌。

戍，戊也。

齊諸維那卅人造太子象。

遘，遘也。

唐處士張禮墓誌。

搆，構也。

唐袁弘毅墓誌。

秃，秀也。

齊太尉府墨曹參軍梁伽耶墓誌。

漏，漏也。

寶梁經。

二十七沁

賣合

蔭、蔭，蔭也。

一左馮翊太守口口口六世孫合宗造四面像，

二唐劉元超墓誌。

鴆、儁，也。

唐黄素墓誌。

二十八勘

滄、澹，也。

唐周夫人墓誌。

閫、闇，也。

魏臨淮王元彧墓誌。

瞰、瞰，瞰也。

唐處士王顔墓誌。

二十九豔

贍、贍、贍也。

一魏貴華恭夫人墓誌，二偽周處士劉通墓誌。

入聲

一屋

獨、獨也。

隋孫龍伯造天宮義井記。

禄、祿也。

唐盧寂墓誌。

族、族也。

隋寇奉叔墓誌。

福、福也。

魏栖賢寺比丘道穎僧東等造象。

複，複，也。

魏臨淮王元彧墓誌。

肷，服，服，也。

一魏比丘僧智等造象記，二隋寇奉叔墓誌。

鷽，鵬，也。

唐上柱國邊真墓誌。

陸，陸，也。

唐龍游縣尉索義弘墓誌。

宍，肉，也。

魏孫遼浮圖銘。

僊，僊，也。

齊法義優婆姨等造象頌。

霞，霞也。

魏桑乾太守宋虎墓誌。

肅，肅，肅，肅也。

一唐霍寬墓誌，二唐劉元超墓誌，三唐大夏縣主簿張孔墓誌，四唐王寶墓誌。

宿，宿也。

唐吳縣丞杜榮墓誌。

收，牧也。

唐玄武丞楊仁方墓誌。

睦，睦也。

魏北海王元詳墓誌。

隤,隤也。

唐文林郎張金剛墓誌。

濮,濮也。

唐甘朗墓誌。

鹿,鹿也。

魏馬都愛造象。

二沃

屬,屬,屬,屬也。

一齊張智寶造象,二齊諸維那卌人造太子象,

三唐會福寺主造象。

局,局,局也。

一魏崔懃造象,二唐劉節墓誌。

録，錄也。唐盧寂墓誌。

蠲，躅也。唐翟惠隱墓誌。

俗，俗也。唐上輕車都尉馬懷墓誌。

矚，矚也。魏南石窟寺碑。

三覺

琢，琢也。唐皇甫深墓誌。

璞，璞也。

唐大夏縣主簿張弘墓誌。

四質

秩，秩也。

唐李君羨夫人劉氏墓誌。

滕，滕滕也

一唐賈從贄墓誌，二唐李護墓誌。

疾，疾也。

唐高岑墓誌。

室，室也。

唐上柱國孫通墓誌。

橘，橘也。

唐李智墓誌。

嫉,嫉也。

唐盧寂墓誌。

鳦,鳦也。

唐劉元超墓誌。

五物

黻,黻也。

唐李護墓誌。

彿、佛,佛也。

一魏楊豐生造象,二魏女佛弟子曹全造象。

㐸,不也。

齊畢文造象記。

訖,訖也。

賣合

晉韋子平造磑題記。

六月

越，越也。

魏比丘僧智等造象記。

粤，粤也。

魏密陽令蘇屯墓誌。

厞、厞、厥，厥也。

一魏貴華恭夫人墓誌，二齊太尉府墨曹參軍

梁伽耶墓誌，三唐元勇墓誌。

蕟，發也。

隋許曇腩造象。

渤、渤、浡，渤也。

一唐夫人封氏墓誌，二唐樊浮邱夫人李氏墓誌，三唐吴縣丞杜榮墓誌。

歇、歇，歇也。

一唐燕君夫人姜氏墓誌，二唐姚暢墓誌。

七曷

楬，褐也。

唐孫公亡夫人李氏墓誌。

蔦，葛也。

齊郗肱造象。

剔、剮、剳，割也。

一魏女佛弟子曹全造象，二魏楊豊生造象，三齊諸維那卌人造太子象。

隡、隡、薩也。

唐僧惠簡造象。

奪、奪也。

左馮翊太守□□□六世孫合宗造四面像。

達、達、達也。

一齊梁罷村邑子七十人造浮圖記，二唐張君夫人秦氏墓誌。

八黠

抜、拔也。

唐西道縣令劉攬墓誌。

煞、殺也。

齊高劉二姓邑義造浮圖記。

𥨍、察也。

魏元襲墓誌。

九屑

㓞、㓞、切也。

一齊法義優婆姨等造象頌二、齊王馬居造象。

竊、竊、竊也。

一大代華嶽廟碑二、唐二品宮墓誌。

篾、蔑也。

唐處士張義墓誌。

𡵂、岊也。

唐大夏縣主簿張弘墓誌。

澈、澈也。

唐侯司馬妻竇夫人銘。

㤞、㤞也。

唐李无難造象。

十藥

庴、虘也。

魏司空公元瞻墓誌。

尉、尉、爵也。

一魏姚伯多造象，二魏霍揚碑。

𣐺、𣐺、樂也。

一魏姚伯多造象，二齊高劉二姓邑義造浮圖記。

𦺊、𦺊、𦺊也。

一唐壽安縣令高君夫人崔氏墓誌，二唐劉節墓誌。

欲、壑、壑、壑、壑、壑、壑、壑也。

一魏司空公元瞻墓誌，二唐明州刺史韋損墓誌，三唐張居士墓誌，四唐處士口琳墓誌，五唐甘朗墓誌，六唐上柱國邊真墓誌，七唐翟惠隱墓誌。

弱、弱也。

大代華嶽廟碑。

酌、酌也。

唐戴令言墓誌。

杓、勺也。

陳劉猛進墓誌。

莫，莫也。

魏馬都愛造象。

澤，澤也。

唐處士口琳墓誌。

廓，廓也。

齊法義優婆姨等造象頌。

十一陌

赫，赫，赫也。

一隋孟顯達碑，二唐燕君夫人姜氏墓誌。

擇，擇也。

唐翟惠隱墓誌。

冊,册也。

偽周處士劉通墓誌。

弈,奕也。

唐游擊將軍吴孝墓誌。

粺,釋也。

唐處士口琳墓誌。

𩅿,覈也。

唐劉粲墓誌。

繹,繹也。

唐李弘裕墓誌。

昔,昔也。

魏臨淮王元彧墓誌。

賣合

迹,迹也。

唐張君夫人秦氏墓誌。

擴,擴也。

唐楊承脩墓誌。

十二錫

折,析也。

齊是連公妻邢夫人墓誌。

撃,擊也。

唐游擊將軍吳孝墓誌。

𢈈,𢡝也。

魏元始和墓誌。

犾,狄也。

魏豫州刺史李蕤墓誌。

戚，戚也。

魏元始和墓誌。

撽，檄也。

齊太尉府墨曹參軍梁伽耶墓誌。

閴，闃也。

唐孫君夫人宋氏墓誌。

十三職

㮇，極也。

晉魏雛柩誌。

𠥨，匿也。

唐游擊將軍吴孝墓誌。

柳，柳也。

唐盧君夫人崔氏墓誌。

亟，亟也。

唐張居士墓誌。

翼，翼也。

馮宣盍資等殘造象題名。

德，德也。

魏任城王妃李氏墓誌。

得，得也。

魏樂安王元緒墓誌。

國，國也。

魏孫思賓法義卅七人造象。

戎,式也。

唐翟惠隱墓誌。

億,億也。

魏栖賢寺比丘道穎等造象。

勑,勅也。

齊比丘法朗造象。

賊,賊也。

齊比丘法朗造象。

十四緝

執,執也。

唐燕君夫人姜氏墓誌。

習,習也。

十五合

馮宣孟賓等殘造象題名。

十五合

⿰月鳥、⿰月鼠也。

符秦廣武將軍□產碑。

⿵門齒、⿵門齒也。

隋寇奉叔墓誌。

十六葉

⿰犭鳥、⿰犭鼠、獵也。

一魏元襲墓誌、二唐處士王顧墓誌。

鬄、⿱髟鼠也。

唐劉元超墓誌。

⿰女連、⿰女建也。

偽周張矩墓誌。
揖，楫也。
唐處士張義墓誌。
十七洽
業、業、業也。
一魏比丘僧智等造象記，二魏翠伏龍造象。
乏、乏也。
唐趙君妻裴夫人墓誌。
碑別字續拾

整理後記

《羅振玉學術論著集》第二集共收書八種，其中《莫高窟石室秘録》爲余整理。其餘七種：《流沙墜簡》、《漢熹平石經殘字集録》、《漢熹平石經殘字集録補遺》、《干禄字書箋證》、《增訂碑別字》、《碑別字拾遺》、《碑別字續拾》均爲叢文俊君整理。

本書第一、第四、第八、第九諸集整理完成後，均有繼祖先生親自審閲定稿並寫作後記，與役同仁，有可仰賴，信心自在。而今先生辭世已歷八載，董理舊業，已失龍首。搦管臨紙，曷勝泫然！

此書之整理工作，均於上世紀八十年代初期至中葉完成。此次付梓，初排樣雖由整理者再核一過，但其間錯訛疏漏，恐所難免。尚祈讀者諸君惠予指正。

王同策二〇一〇年六月二十三日